中等职业教育国家规划教材配套教材

汽车电气设备维修实训

(第二版)

陈才连 邓宏霞 主编

人民交通出版社股份有限公司
China Communications Press Co.,Ltd.

内 容 提 要

本书是中等职业教育国家规划教材配套教材之一。全书主要内容包括：汽车电路检测基础、电源系统、发动机电器、车身电器、空调系统、汽车网络系统、汽车娱乐通信系统，共7个项目，23个实训任务。

本书可供汽车运用与维修专业学生、汽车维修技师和汽车维修工参考使用，也可供汽车类专业实训课程教学参考。

图书在版编目（CIP）数据

汽车电气设备维修实训/陈才连，邓宏霞主编.—2版.—北京：人民交通出版社股份有限公司，2017.1
中等职业教育国家规划教材配套教材
ISBN 978-7-114-13463-0

Ⅰ.①汽… Ⅱ.①陈… ②邓… Ⅲ.①汽车—电气设备—车辆修理—中等专业学校—教材 Ⅳ.①U472.41

中国版本图书馆CIP数据核字（2016）第273044号

书　　名：	汽车电气设备维修实训（第二版）
著 作 者：	陈才连　邓宏霞
责任编辑：	时　旭
出版发行：	人民交通出版社股份有限公司
地　　址：	（100011）北京市朝阳区安定门外外馆斜街3号
网　　址：	http://www.ccpress.com.cn
销售电话：	（010）59757973
总 经 销：	人民交通出版社股份有限公司发行部
经　　销：	各地新华书店
印　　刷：	北京市密东印刷有限公司
开　　本：	787×1092　1/16
印　　张：	9.75
字　　数：	222千
版　　次：	2002年12月　第1版 2017年1月　第2版
印　　次：	2017年1月　第2版　第1次印刷　总第14次印刷
书　　号：	ISBN 978-7-114-13463-0
定　　价：	23.00元

（有印刷、装订质量问题的图书由本公司负责调换）

第二版前言

本套教材是中等职业教育国家规划教材的配套教材，第一版自2003年出版以来，以其结合各地汽车维修行业的生产实际、体现以人为本的现代理念、注重对学生创新能力的培养、具有较强针对性等特点，受到了广大职业院校师生的欢迎。

为贯彻《教育部关于深化职业教育教学改革全面提高人才培养质量的若干意见》(教职成【2015】6号)提出的"对接最新职业标准、行业标准和岗位规范，紧贴岗位实际工作过程，调整课程结构，更新课程内容，深化多种模式的课程改革"，响应国家对于汽车运用技术领域高素质专业实用人才培养的需要，更好地贴近汽车运用与维修专业实际教学目标，故人民交通出版社股份有限公司对本套教材进行了修订。本次修订以《中等职业学校专业教学标准(试行)》为标准，以职业教育人才培养模式和宗旨为导向，注重实践能力的培养，吸收教材使用院校师生的意见和建议，经过与编者的认真研究和讨论，确定了修订内容。

《汽车电气设备维修实训(第二版)》基于当前汽车维修企业维修技能的需要，立足教学实际，以典型的技能要点作为实训单元，针对技能点以任务驱动、理实一体展开实训教学。本教材以科鲁兹1.6LDE自动挡车型为例，以整车作为实训设备，营造真实工作情境，使学生学习内容与企业实际维修情境相融合。教材语言通俗易懂，对实训内容进行理论说明讲解，分析了实训过程涉及的电路图，实训过程每个关键步骤配以图片和文字，提供了汽车电气维修故障分析诊断思路，引用了当前流行的教学方法、组织模式，便于教师进行实训教学组织，每个实训项目都配有学生实训作业单和评价表，可供汽车实训类课程教学参考。

本教材由柳州市交通学校陈才连、邓宏霞担任主编，柳州市交通学校文艳宇、何允萍、杨艳担任副主编，参加编写的还有朱燕雯、谢越峰、曾祥飞、曾蕾、姜杨阳、阳格科、韦自龙、韦德文。其中，曾蕾编写项目一，朱燕雯、姜杨阳、谢越峰、曾祥飞编写项目二、项目三和项目六，陈才连、邓宏霞、何允萍编写项目四，杨艳、韦自龙、韦德文编写项目五，阳格科编写项目六，文艳宇编写项目七。陈才连负责全书统稿工作。

由于编者经历和水平有限，书中难免有不足之处，敬请广大读者及时提出修改意见和建议，以便修改和完善。

编 者
2016年9月

目　录

项目一　汽车电路检测基础 ·· 1
　实训1　汽车电路的电压、电阻、电流检测 ·· 1
　实训2　汽车电路的断路和短路检测 ·· 5

项目二　电源系统 ·· 12
　实训3　蓄电池的维护 ··· 12
　实训4　交流发电机的拆装与检修 ·· 18
　实训5　发电机电路检修 ··· 23

项目三　发动机电器 ·· 29
　实训6　起动机电路检修 ··· 29
　实训7　发动机管理系统检修 ·· 35

项目四　车身电器 ·· 43
　实训8　灯光系统电路检修 ·· 43
　实训9　仪表报警系统实车拆装 ··· 52
　实训10　风窗刮水系统拆装 ·· 58
　实训11　风窗刮水系统电路检修 ··· 63
　实训12　电动车窗系统拆装 ·· 70
　实训13　电动车窗系统电路检修 ··· 76
　实训14　电动后视镜拆装 ··· 83
　实训15　电动后视镜系统电路检修 ·· 87
　实训16　中控门锁的拆装 ··· 93
　实训17　中控门锁系统电路检修 ··· 98

项目五　空调系统 ·· 107
　实训18　空调系统检查与故障诊断 ·· 107
　实训19　空调制冷剂的充注 ·· 114
　实训20　空调系统电路检修 ·· 121

项目六　汽车网络系统 ··· 131
　实训21　汽车网络系统检修 ·· 131

项目七　汽车娱乐通信系统 ·· 139
　实训22　音响设备的拆装 ··· 139
　实训23　音响系统电路检修 ·· 144

参考文献 ·· 150

项目一　汽车电路检测基础

实训1　汽车电路的电压、电阻、电流检测

一 实训目标

（1）了解万用表的作用、类型及测量原理。
（2）学会使用万用表测量直流电路的电压、电流和电阻。

二 实训内容

1. 认识汽车电路电压、电阻、电流检测工具

万用表是一种多用途的便携式测量仪表，它具有测量范围广、使用方便、体积小、便于携带等优点，是汽车电气设备维修必备工具。万用表可以用来测量电阻、交直流电流、交直流电压等。有的万用表还可以用来测量电感、电容等，故称为万用表。目前在汽车维修行业常用数字式万用表进行检测，电源开关一般有两种开启方式，一种是直接通过电源键开启；另一种是在功能显示面板上显示"OFF"表示关闭，旋转开关旋转到其他位置表示接通电源。数字式万用表的功能结构如图1-1所示，其功能一般选择机械式开关的切换来实现，量程选择通过转换开关切换，也可以通过自动量程切换电路来实现。

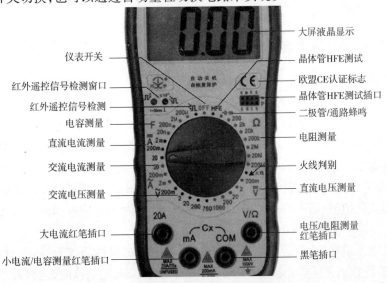

图1-1　数字式万用表面板各功能组成

例如"V～"区域上20V这一数值表示的是该挡位可以测量20V以下的交流电压。表盘底部的4个插孔,COM是公共端,即负极端子,黑色表笔固定接这个孔,其他3个孔分别有功能标注,根据测量要求红色表笔对应接入相应的孔。

2. 用万用表检测电压、电流、电阻

测量电压时如图1-2所示,电压表应与被测电路并联。

测量电流时如图1-3所示,电流表应与被测电路串联。

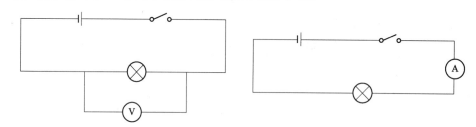

图1-2 用万用表测量电压　　　　图1-3 用万用表测量电流

测量电阻时如图1-4所示,电路必须处于断电状态或者将元件从电路中取出。

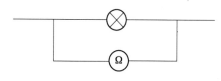

图1-4 用万用表测量电阻

3. 实训任务

正确操作数字式万用表,并用数字式万用表测量出要求测量的相应数值:

①蓄电池电压值;

②继电器的电阻值;

③远光灯电路的电流值。

三 实训器材

(1)数字式万用表4块。

(2)电器实训台4个。

四 实训要求与注意事项

(1)严格按照数字式万用表使用说明进行检测。

(2)实车测量时做好安全检查工作。

(3)在测量元件电阻时,首先应将挡位调至量程最小的挡位,两表笔短接,显示的数值即该表测电阻时的误差值,当测量的阻值较小时为了得到准确数值,需减掉该表的误差值。

(4)在线路中测量电阻时,应断电测量。测试电路中的电容器时,应先将电容器短路放电后再开始测量。在测量电阻时,不应将手触及电阻两端,易使测量结果不准确。

(5)在测量数值时,若不知道测量数值的大致范围,为了保护万用表应首先选择较大量程进行测量,再逐步根据测得的数值调整至合适量程。

(6)测量电压或电流时,还需注意极性,应使被测量的极性与仪表的正负极性一致。万用表的红表笔接触被测体的正极,黑表笔与负极相接触。测量电流时,应将万用表串联在电路中,测量电压须将万用表并联在电路中。

(7) 在测量交流电压时,需考虑被测电压的波形,万用表只适用于测量正弦波电压,而不能测量非正弦波电压。

(8) 测量的时候应该注意表笔是否按要求接对位置。

五、教学组织

1. 教学模式和方法

教学模式运用理实一体化教学,在课前准备 PPT 和万用表的使用方法和测量要点微视频,在课中采用任务驱动法、讨论法等方法进行教学。

2. 教学组织

实行小班化教学,实训人数不超过 30 人,实行分组教学,教师 1 名。教学过程以学生为中心,以学生实践操作步骤的任务和课堂上布置的新任务来引导学生对需要掌握技能进行分析和类比,能够举一反三,掌握必要的技能。每组设 1 名小组长负责本组成员的基础指导和考核,教师负责指导学生操作并监控整个教学过程的课堂管理。

3. 教学实施过程

以培养学生职业习惯、职业素养为目标,强调安全生产,提醒学生安全规范操作,检查、指导和纠正学生操作中出现的不规范操作,组织学生分享学习成果,并对学生操作过程进行评价。

六、操作步骤

1. 电阻的测量

将万用表置于电阻(Ω)挡,根据被测元件的大小,选择合适的挡位,黑色表笔接在公共端,红色表笔接在标有"Ω"的孔处。图 1-5 所示为 4 脚电磁继电器线圈阻值的测量,两个表笔分别接在继电器待测管脚两端,显示屏显示的数值减去误差即为最终结果,并将最后得到的结果记录在表 1-1 中。

图 1-5　4 脚电磁继电器线圈阻值的测量

2. 直流电压的测量

测量时,将万用表置于直流电压挡合适的量程上,图1-6所示为测量汽车蓄电池电压,黑色表笔接在公共COM端子,红色表笔接在标有"V"的孔处,将两表笔以并联方式与被测元器件(或电路)相接,显示屏显示的数值即为测量数值,并将测量结果记录在表1-1中。

电路电压、电阻、电流检测学生作业单   表1-1

实践步骤	检查、检测内容	检测情况	
1.实践操作前的安全、设备检查	作业设备安全检查	□完成	□未完成
	工量具、仪器检查	□完成	□未完成
2.正确使用万用表、测量数据并记录	蓄电池电压	测量值:	V
	远光灯电路工作时电流	测量值:	A
	4脚电磁继电器线圈电阻	测量值:	Ω
3.实践操作后的卫生、恢复	收拾工量具	□完成	□未完成
	操作台恢复	□完成	□未完成
	5S管理	□完成	□未完成

3. 直流电流的测量

选择量程时,应从大到小试选,以免损坏万用表,将万用表以串联的方式与被测电路相连,显示屏显示的数值即为测量数值。图1-7所示为远光灯电路电流值的测量,将远光灯的熔断器取出,将电流表串联接入电路中,接通远光灯开关,显示屏显示的数值即电路电流大小,并将测量得到的数值记录在表1-1中。

图1-6 蓄电池电压值的测量

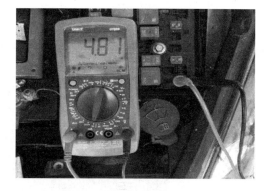

图1-7 远光灯电路电流值的测量

4. 实践操作作业单

电路电压、电阻、电流检测学生作业单见表1-1。

七 评分标准

实训评分表见表1-2。

实训评分表 表1-2

序号	考核项目			配分	评分标准	得分
1	作业设备安全检查			10	未检查或检查不到位扣5分	
2	检查工量具、仪器			5	未检查扣5分	
3	操作技能		蓄电池电压的测量	25	不会选挡或未能正确选择合适挡位均扣10分	
					未能正确选择表笔插孔扣5分	
					红色表笔接正极黑色表笔接负极,接错扣5分	
					读取万用表数值,不会读扣5分,读取不正确的酌情扣分	
			远光灯电路工作时电流的测量	25	无法找到远光灯熔断丝位置扣5分	
					不会选挡或未能正确选择合适挡位均扣5分	
					未能正确选择表笔插孔扣5分	
					表笔接法应与电流方向一致,接错扣5分	
					读取万用表数值,不会读扣5分,读取不正确的酌情扣分	
			4脚电磁继电器线圈电阻的测量	20	不会选挡或未能正确选择合适挡位均扣5分	
					未能正确选择表笔插孔扣5分	
					不会测量扣5分	
					读取万用表数值,不会读扣5分,读取不正确的酌情扣分	
4	收拾工量具			5	未收拾扣5分	
5	操作台恢复			5	未恢复扣5分	
6	5S管理			5	酌情扣分	
7	遵守相关安全规范				因违规操作造成人员和设备事故的,总分按0分计	
	分数合计			100		

实训2　汽车电路的断路和短路检测

一 实训目标

(1)了解电路的断路和短路。
(2)通过实训,进一步熟悉汽车各系统电路的组成和各元器件在汽车上的位置。
(3)初步掌握由电路短路和断路引起故障的检测方法。

二 实训内容

1. 通路、断路和短路的含义

电路有三种状态,即通路、断路和短路,如图2-1所示。

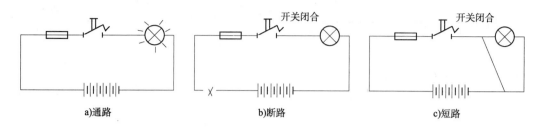

图 2-1　电路通路、断路、短路的工作状态

断路是指电路中某处断开没有构成回路的电路,也称为开路。此时,电路中没有工作电流,电路处于非正常工作状态,表现为电路中的用电设备无法正常工作。

短路是指闭合回路中的一部分被短接,使电流不通过用电设备直接与电源负极连接。此时,电源提供的电流比通路时大很多倍,短路会烧坏熔断器、用电设备。常见的短路形式如图 2-2 所示。

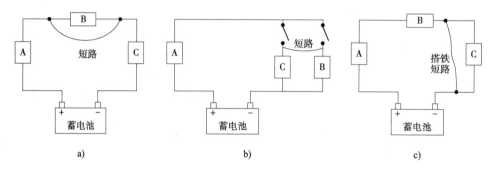

图 2-2　常见的短路形式

汽车电路常见的故障有正极断路、搭铁断路、对正极短路、对地短路和搭铁不良等故障。

2. 短路和断路的测量方法

(1) 断路:断开电路,将数字式万用表旋至 Ω 挡最小量程,表笔两端接在待测线路两端,此时如果数字式万用表显示电阻为无穷大,则表示被测电路断路;或利用万用表的电压挡,沿着电路图中的电路分段检查各测试点,观察电压表数值,判断电路是否正常,也可用试灯取代万用表检查各测试点,观察测试灯亮、灭或暗的情况,判断电路是否正常。此外,蜂鸣挡也可用来快速判断电路的通断,在测量为不通的情况下不会发出蜂鸣声。

(2) 短路:将数字式万用表旋至 Ω 挡最小量程,将表笔两端接在待测线路两端,此时如果数字式万用表显示数值与表笔直接短接的数值相近甚至一致,则表示被测电路短路,也可以利用万用表的电压挡,沿着电路图中的电路分段检查各测试点,观察电压表电压数值,来判断电路是否正常。当怀疑电源电路短路时,往往通过测量电流来判断是否短路。

3. 实训任务

通过设置相应的简单电路,引导学生根据操作步骤中的检测方法对故障电路进行检测,分析故障问题所在并提出解决方案,学生充分理解了检测方法后,更换故障部位再次让学生进行诊断,对所学内容举一反三。

三 实训器材

(1)数字式万用表4块。
(2)实训台架4个。
(3)故障件(熔断的熔断器,故障继电器,断开的导线)。

四 实训要求

(1)正确使用万用表,选择适当的量程。
(2)严格按照规定步骤和方法进行,决不可随便短路和搭铁,以免引起新的故障。
(3)注意用电安全,在插接部分插接器、拆装元器件的时候要断电进行。
(4)通电之前应有指导老师检查无误后方可通电试验检测,以免因电路接错而导致事故。

五 教学组织

1. 教学模式和方法

教学模式运用理实一体化教学,在课前录制故障诊断过程作为教学视频,准备作业单,在课中采用任务驱动法、讨论法等方法进行教学。

2. 教学组织

实行小班化教学,实训人数不超过30人,实行分组教学,教师1名。教学过程以学生为中心,引导学生对产生故障的部位进行检测,分析问题所在并提出解决方案。教师根据每组学生情况分别指导学生操作并监控整个教学过程的课堂管理,期间考察小组对本节课的掌握情况。

3. 教学实施过程

以培养学生职业习惯、职业素养为目标,强调安全生产,提醒学生安全规范操作,检查、指导和纠正学生操作中出现的不规范操作,组织学生分享学习成果,并对学生操作过程进行评价。

六 操作步骤

1. 断路故障的检查

设置图2-3所示电路,设置故障点,用电压法可查找断路点,如图2-3所示。

汽车上用电器正常工作的条件是用电器加载有12~14V的电压。选择万用表直流20V电压挡,将负表笔接到正常的搭铁点,正表笔接到连接器或元件电路的供电端子上,观察电压表的读数。判断方法见表2-1。

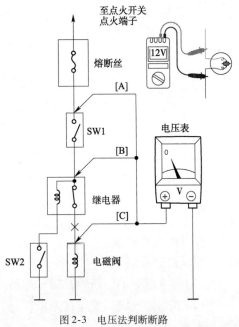

图2-3 电压法判断断路

万用表检查电路断路的方法　　　　　　　　　　　　　　　　表 2-1

开关状态	万用表连接位置	测量结果	正常值	结　论
点火开关断开	[A]	0V	0V	电路正常
点火开关接通	[A]	12V	12V	电路正常
		0V	12V	说明电源到万用表测点[A]之间,有正极断路故障
点火开关接通 开关1接通	[B]	12V	12V	电路正常
	[B]	0V	12V	说明万用表测点[A]与测点[B]之间,有正极断路故障
点火开关接通 开关1接通 开关2接通	[C]	12V	12V	电路正常
	[C]	0V	12V	说明万用表测点[B]与测点[C]之间,有正极断路故障
结论:				

此外还可以使用试灯来检测判断电路断路部位,将试灯一端接到正常的搭铁点,表笔端接到连接器或元器件线路的供电端子上,观察试灯是否点亮,如图 2-4 所示。判断方法见表 2-2。

试灯检查电路断路的方法　　　　　　　　　　　　　　　　表 2-2

开关状态	试灯连接位置	测量结果	正常	结　论
点火开关断开	[A]	试灯不亮	试灯不亮	电路正常
点火开关接通	[A]	试灯亮	试灯亮	电路正常
		试灯不亮	试灯亮	说明电源到万用表测点[A]之间,有正极断路故障
点火开关接通 开关1接通	[B]	试灯亮	试灯亮	电路正常
	[B]	试灯不亮	试灯亮	说明万用表测点[A]与测点[B]之间,有正极断路故障
点火开关接通 开关1接通 开关2接通	[C]	试灯亮	试灯亮	电路正常
	[C]	试灯不亮	试灯亮	说明万用表测点[B]与测点[C]之间,有正极断路故障
结论:				

2. 短路故障检查

用试灯查找短路故障,如图 2-5 所示。

(1)拆下熔断的熔断丝并断开熔断丝的所有负载。

(2)在熔断丝的位置连接测试灯,根据测试灯是否点亮,判断对地短路点。判断方法见表 2-3。

项目一 汽车电路检测基础

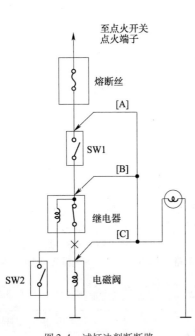

图 2-4 试灯法判断断路　　　　　图 2-5 短路故障的检查

对地短路故障的检查方法　　　　　　　　　　　　表 2-3

开关状态	测量结果	正常	结　　论
点火开关接通	测试灯亮	测试灯不亮	说明熔断丝至 SW1 供电端子前有对地短路故障，即短路[A]
点火开关接通 开关 SW1 接通	测试灯亮	测试灯不亮	说明继电器供电端子或灯供电端子之前有对地短路故障，即短路[B]
点火开关接通 开关 SW1 接通 开关 SW2 接通 继电器触点闭合	测试灯亮	测试灯不亮	说明电磁阀供电端子之前有对地短路故障，即短路[C]

小结：
1. 对地短路故障点一定出在控制开关闭合后，测试灯不亮与测试灯亮两接点之间。
2. 对地短路故障检查也可使用电压表代替测试灯进行，故障一定出在无蓄电池电压与有蓄电池电压之间。
3. 查看测试灯时，断开与重新连接连接器，对地短路故障出现在测试灯亮的连接器与测试灯不亮的连接器之间。
4. 先观察出现短路现象的区间段，是否存在与其他电路的交织、与车身金属部件的相遇、挤压变形的情况发生，重点检查上述部位。如果没有，可以采取沿电路走向轻微晃动故障线束，观察试灯或万用表显示变化，以准确找出短路部位。

3. 实践操作作业单

在熟悉并实践了以上检测方法后，每一个小组设置不同的电路短路或断路的故障，让小组成员合作诊断故障及故障点，并填写表 2-4。

电路短路或断路故障检测实践作业单　　　　　　　　　　表2-4

实践步骤	检查内容	检查情况	
1. 实践操作前的安全、设备检查	作业设备安全检查	□完成	□未完成
	工量具、仪器检查	□完成	□未完成
2. 故障现象	开关闭合前熔断丝是否熔断	□是	□否
	开关闭合后电磁阀是否工作	□是	□否
	开关闭合后熔断丝是否熔断	□是	□否
	若开关闭合前熔断丝已熔断,则将熔断丝取下,用测试灯替换,打开点火开关,观察测试灯是否点亮	□是	□否
3. 若开关闭合前,熔断丝未熔断,而开关闭合后,熔断丝熔断,电磁阀不工作,说明电路存在对地短路故障。若开关闭合前,熔断丝未熔断,而开关闭合后,熔断丝也未熔断,但电磁阀不工作,说明电路存在断路故障。若开关闭合前,熔断丝已熔断,则观察打开点火开关后替换熔断丝的测试灯是否点亮,若点亮,说明电路存在对地短路故障,且对地短路的位置为[A]处;若未点亮,则暂时无法判断电路属于短路还是断路故障,在后面的检测中需要把两种故障情况都考虑进去。			
由故障现象可初步判断本次故障属于＿＿＿＿＿＿故障(短路、断路、短路或断路)			
4. 根据以上初步诊断,结合所学内容,确定诊断方向及诊断方法,对电路进行检测	[A]点的测试结果	□正常	□异常
	[B]点的测试结果	□正常	□异常
	[C]点的测试结果	□正常	□异常
5. 由检测结果可知,故障位置在＿＿＿＿＿＿处。根据之前所学的知识,检测故障处元器件情况,确定故障点为＿＿＿＿＿＿＿＿＿＿。			
6. 排除故障,并观察故障排除效果			
7. 实践操作后的卫生、恢复	收拾工量具	□完成	□未完成
	操作台恢复	□完成	□未完成
	5S管理	□完成	□未完成

七　评分标准

实训评分表见表2-5。

实　训　评　分　表　　　　　　　　　　表2-5

序号	考核项目	配分	评分标准	得分
1	作业台安全检查	5	未检查或检查不到位扣5分	
2	检查工量具、仪器	5	未检查扣5分	
3	确认故障现象	12	每错一处扣3分	
4	故障现象初步判断	10	判断错扣10分	
5	诊断方法	20	万用表使用不当扣5分,诊断方法不正确扣5分,漏一处扣3分	
6	测量结果	9	每错一处扣3分	

续上表

序号	考 核 项 目	配分	评 分 标 准	得分
7	故障诊断结果	16	判断错故障位置扣8分,判断错故障点扣8分	
8	排除故障,观察故障排除效果	8	未排除扣8分	
9	收拾工量具	5	未收拾扣5分	
10	操作台恢复	5	未恢复扣5分	
11	5S管理	5	酌情扣分	
12	遵守相关安全规范		因违规操作造成人员和设备事故的,总分按0分计	
	分数合计	100		

项目二 电源系统

实训3 蓄电池的维护

实训目标

(1)熟悉蓄电池结构原理。
(2)掌握蓄电池检查与维护方法。
(3)掌握蓄电池补充充电方法。

实训内容

1. 蓄电池的拆装

本次实训以雪佛兰科鲁兹1.6LDE自动挡轿车为例,蓄电池位于车身前部的发动机舱内,拆装应注意安全,拆装前需将点火开关关闭,取下钥匙,保证车内电气设备及电控系统不处于工作状态,防止其受损伤。拆卸蓄电池时应先拆负极再拆正极,安装时应先装正极再装负极。

2. 蓄电池补充充电方法

(1)定流充电:在充电过程中,保持充电电流恒定的充电方法。可多个蓄电池采用定流串联充电的方法进行充电,接线方法如图3-1所示。

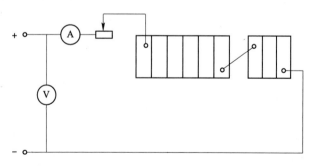

图3-1 定流充电

(2)阶段充电。

第一阶段:电流值一般为蓄电池额定容量的1/10,例如科鲁兹轿车额定电流为54A时,第一阶段充电电流为5.4A,充电时间为充至平均每只电池电压达到16V。

第二阶段:第二阶段的充电电流约为第一阶段的1/2,充电至端电压和电解液密度在3h

内稳定不变为止。

(3) 定压充电：充电过程中保持电压不变的充电方法。

3. 正负极桩柱判断方法

一般可以通过蓄电池正负极的标识来判断正负极。标记"＋"，形状较粗，为正极桩柱，标记"－"，形状较细为负极桩柱。如果蓄电池标识和桩柱都无法识别，这时候可以通过使用万用表电压挡测量电压来判断，正常情况下，如果电压数值为正值，说明万用表正表笔接触的是蓄电池的正极桩柱；反之，万用表读数为负数，则说明万用表正表笔接触的是蓄电池的负极桩柱。

三 实训器材

(1) 实训车辆 5 辆。
(2) 世达 120 件套 5 套。
(3) 翼子板布、前格栅布 5 套。

四 实训要求与注意事项

(1) 拆下蓄电池前应将车辆断电，并将钥匙取出。
(2) 拆卸蓄电池时，先拆负极（即搭铁线），后拆正极（即电源线）。
(3) 维修带故障自我诊断功能的电脑系统时，应在拆卸前查看诊断代码，以免拆卸后故障码被消除。
(4) 对无法了解车型状况的车辆，应带电拆装蓄电池，以免防盗码、收音机等内存信息被清除。
(5) 安装时，应先装正极（即电源线），再装负极（即搭铁线）。
(6) 安装蓄电池时，应用细砂纸或专用工具清洁接线柱及接线头。
(7) 拆装过程中，需注意安全，切不可将蓄电池正负极短接。
(8) 能正确判断蓄电池正负极。
(9) 实训过程要符合车辆维修的操作规程。
(10) 正确使用工具。

五 教学组织

1. 教学模式和方法

教学模式运用翻转课堂＋理实一体化教学，在课前准备蓄电池维护与使用课件、视频、作业单等，在课中采用任务驱动法、讨论法、情境教学法等方法进行教学。

2. 教学组织

实行小班化教学，实训人数不超过 30 人，实行分组教学，教师 1 名。教学过程以学生为中心，教师指导学生操作并监控整个教学过程的课堂管理。

3. 教学实施过程

以培养学生职业习惯、职业素养为目标，强调安全生产，提醒学生安全规范操作，检查、指导和纠正学生操作中出现的不规范操作,组织学生分享学习成果,并对学生操作过程进行评价。

六 实训步骤

1. 拆卸蓄电池

(1)熟悉车辆是否需要带电更换蓄电池(以雪佛兰科鲁兹1.6L自动挡车型为例,不需要带电更换蓄电池),确认是否有故障码,如图3-2和图3-3所示,如有故障码,需清除故障码或记录故障码,便于故障诊断。

图3-2 读取故障码   图3-3 故障码读取结果

(2)将点火开关关闭,取下钥匙。

(3)安装翼子板布,安装前格栅布。

(4)用合适的扳手将负极(即搭铁线)拆下(图3-4)后,将正极(即电源线)拆下(图3-5)。注意:在拆装蓄电池两端时,应尽量选用胶质手柄的扳手,避免正负极短接。

(5)取下蓄电池。

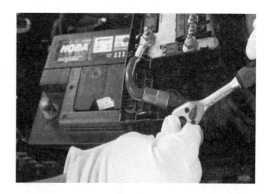

图3-4 拆下蓄电池负极   图3-5 拆下蓄电池正极

2. 安装蓄电池

(1)安装翼子板布。

(2)用细砂纸或专用工具清洁接线柱及接线头部位。

(3)先安装正极(即电源线),如图3-6所示,注意:安装力矩不应过大,查表3-1可知,蓄电池正、负极电缆螺母拧紧力矩为4.5N·m。

(4)安装负极(即搭铁线),如图3-7所示。

图3-6 安装蓄电池正极

图3-7 安装蓄电池负极

紧固件紧固规格　　　　　　　　　　　表3-1

应　用	规　格	
	米制	英制
蓄电池搭铁电缆螺母	9N·m	80in·lbf
蓄电池搭铁电缆至蓄电池负极电缆螺母	9N·m	80in·lbf
蓄电池压板固定螺母	12N·m	106in·lbf
蓄电池负极电缆螺母	4.5N·m	40in·lbf
蓄电池正极电缆螺母	4.5N·m	40in·lbf
蓄电池正极电缆至熔断丝盒螺母	9N·m	80in·lbf
蓄电池传感器线束搭铁电缆螺栓	5N·m	44in·lbf
蓄电池传感器线束搭铁电缆螺母	11N·m	97in·lbf
蓄电池支架螺栓	15N·m	11ft·lbf

3. 蓄电池补充充电

以雪佛兰科鲁兹1.6L自动挡轿车的蓄电池充电方法为例(使用GZL-30/6-24V硅整流快速充电机):

(1)将充电夹头夹到蓄电池正极,如图3-8所示。

(2)将充电夹头夹到蓄电池负极,如图3-9所示。

图3-8 正极充电夹夹到蓄电池正极

图3-9 负极充电夹夹到蓄电池负极

(3)将充电机电源接上,如图 3-10 所示。
(4)打开充电机电源开关,如图 3-11 所示。

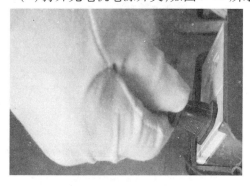

图 3-10　充电机接上电源

图 3-11　打开充电机电源开关

(5)将充电电压旋至合适电压挡进行充电,挡位选择 12V 位置,如图 3-12 所示,充电机应有所显示,如图 3-13、图 3-14 所示。

图 3-12　调整充电电压

图 3-13　电压表状态

4. 蓄电池检查与维护

蓄电池检查与维护主要有以下内容:
(1)长时间不常用时,需要一个月进行补充充电一次。
(2)观察蓄电池外观是否破损、鼓胀。
(3)检查观察口,如图 3-15 所示,判断内部电解液是否正常,观察口显示绿色表示正常,黑色表示需要充电,白色表示需要替换。

图 3-14　电流表状态

图 3-15　蓄电池的电解液观察口

5. 实践操作作业单

蓄电池的维护学生作业单见表3-2。

蓄电池的维护学生作业单　　　　　　　　　　　表3-2

步　骤	内　　容	完成情况	
1.实践操作前安全、设备检查	放置三角木	□完成	□未完成
	安装三件套、翼子板布、前格栅布	□完成	□未完成
	拉驻车制动器操纵杆	□完成	□未完成
	置于N挡(或P挡)	□完成	□未完成
2.拆卸蓄电池	拆卸顺序描述	□完成	□未完成
3.安装蓄电池	安装顺序描述	□完成	□未完成
4.蓄电池充电	充电步骤叙述	□完成	□未完成
	充电形式及电压(电流)选择	□完成	□未完成
5.蓄电池维护	判断蓄电池是否正常并叙述判断依据	□完成	□未完成

七　评分标准

实训评分表见表3-3。

实训评分表　　　　　　　　　　　表3-3

序号	考核项目		配分	评分标准	得分
*1	作业车辆安全检查		10	未检查或检查不到位扣5分	
2	检查工具		5	未检查扣5分	
3	安装三件套		5	未安装扣5分,安装不到位扣3分	
4	各项目检查	拆卸蓄电池	15	操作方法不正确或描述不全面酌情扣分	
		安装蓄电池	15	操作方法不正确或描述不全面酌情扣分	
		蓄电池充电	15	操作方法不正确或描述不全面酌情扣分	
		蓄电池维护	10	操作方法不正确或描述不全面酌情扣分	
		工具使用情况	5	使用不当或错误每次扣2分,扣完为止	
5	团队协作		5	酌情扣分	
6	收拾工量具		5	未收拾扣5分	
7	车辆恢复		5	未恢复扣5分	
8	5S管理		5	酌情扣分	
9	遵守相关安全规范			因违规操作造成人员和设备事故的,总分按0分计	
	分数合计		100		

实训 4　交流发电机的拆装与检修

一　实训目标

(1) 掌握汽车发电机的组成。
(2) 了解汽车发电机在汽车上的位置。
(3) 掌握汽车发电机的拆装方法。

二　实训内容

1. 认识发电机

发电机的作用：交流发电机是在发动机的驱动下，将机械能转变为电能的装置。发电机作为汽车的主要电源，在发动机运转时，为电气设备供电，给蓄电池补充充电。其机构组成为转子总成、定子总成、整流器、电压调节器、前后端盖、风扇、电刷及电刷架，如图 4-1 所示。

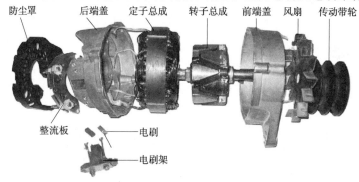

图 4-1　发电机的组成

2. 熟悉发电机安装位置及拆装方法

现在主流发电机的修理方法并不再对发电机进行解体拆装，若判定发电机已经损坏，通常是进行整体更换。发电机通常安装在汽车发动机前端(图 4-2)，通过皮带与发动机皮带轮相连，进行发电机拆装时应用举升机将车辆举升，进入车底进行作业。

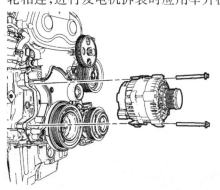

图 4-2　发电机在发动机上的安装位置

三　实训器材

(1) 实训车辆 5 辆。
(2) 举升机 5 台。
(3) 世达 120 件套 5 套。

四　实训要求

(1) 在实践操作前，配齐所需工具。举升前应将蓄电池负极拔下，保证发电机无导通，将车钥匙取下，拉紧驻车制动器操纵杆,检查空挡位置是否到位。

(2)在举升车辆时,务必注意周围环境安全,检查举升机工作状况是否安全,确认垫块位置正确,车辆无晃动,举升过程中举升机应将车辆平稳举升。

(3)本次拆装以雪佛兰科鲁兹1.6LDE自动挡汽车为例,说明拆装过程及要点。拆装过程中应避免暴力拆装,要求选用最为合适的拆装工具进行作业。

(4)实训过程要符合车辆维修的操作规程。

(5)正确使用工具。

五 教学组织

1. 教学模式和方法

教学模式运用理实一体化教学,在课前准备拆装过程PPT或视频、作业单等,在课中采用任务驱动法、讨论法、情境教学法等方法进行教学。

2. 教学组织

实行小班化教学,实训人数不超过30人,实行分组教学,教师1名。教学过程以学生为中心,教师指导学生操作并监控整个教学过程的课堂管理。

3. 教学实施过程

以培养学生职业习惯、职业素养为目标,强调安全生产,提醒学生安全规范操作,检查、指导和纠正学生操作中出现的不规范操作,组织学生分享学习成果,并对学生操作过程进行评价。

六 实训步骤

(1)将蓄电池负极拔下,变速杆置于空挡位置,拉紧驻车制动器操纵杆。

(2)将车辆举升至合适高度。

(3)松开挡泥板,如图4-3、图4-4所示,将挡泥板调至合适拆装作业的位置。

图4-3 挡泥板位置　　图4-4 松开挡泥板

(4)选择合适的套筒,选择 E14,通过逆时针转动固定螺栓来释放皮带张紧器上的张力,如图 4-5、图 4-6 所示。

图 4-5　螺栓的安装位置

图 4-6　释放张力

(5)拆卸皮带,如图 4-7 所示,拆卸皮带后,为防止安装方向错误引发皮带断裂,应用粉笔或记号笔做记号,如图 4-8 所示。

图 4-7　拆卸皮带

图 4-8　标记皮带方向

(6)拆下发电机正极电缆螺母。如图 4-9 所示,拆下发电机正极电缆。断开发电机线束插头,如图 4-10 所示。

图 4-9　拆下正极电缆

图 4-10　断开线束插头

(7)松开发电机固定螺栓并取出发电机,如图 4-11 至图 4-13 所示。

图 4-11　松开固定螺栓 1　　　图 4-12　松开固定螺栓 2　　　图 4-13　拆卸螺栓

（8）小心取出发电机，取出过程中需小心避开各线束或其他零部件，在安装新发电机到车上时应再次检查发电机，确保外部无裂纹、皮带轮无磨损、油封部分无漏油，如图 4-14、图 4-15 所示。

图 4-14　检查发电机外部及皮带轮　　　　　　图 4-15　检查油封

（9）安装发电机，按规定力矩（查看维修手册，见表 4-1，本车型发电机螺栓规定力矩为 35N·m，发电机正极电缆螺母力矩为 12.5N·m，发电机线束螺母为 7N·m）。

（10）安装发电机皮带，安装时注意原标记皮带方向，参看图 4-7，按力矩要求拧紧，如图 4-16 所示。

拆装力矩　表 4-1

应用	规格	
	米制	英制
发电机螺栓	35N·m	26ft·lbf
发电机正极电缆螺母	12.5N·m	111in·lbf
发电机线束螺母	7N·m	62in·lbf

图 4-16　安装成功后皮带位置

(11)实践操作作业单。交流发电机的拆装与检修学生作业单见表 4-2。

交流发电机的拆装与检修学生作业单　　　　　　　　　　　表 4-2

步　骤	内　　容	完成情况	
1.实践操作前安全、设备检查	放置三角木	□完成	□未完成
	安装三件套、翼子板布、前格栅布	□完成	□未完成
	拉紧驻车制动器操纵杆	□完成	□未完成
	置于 N 挡(或 P 挡)	□完成	□未完成
	检查举升机工作状况	□完成	□未完成
2.拆装前工作	断开蓄电池负极	□完成	□未完成
	检查驻车制动器	□完成	□未完成
	检查挡位	□完成	□未完成
	放置垫块	□完成	□未完成
	安全举升车辆	□完成	□未完成
3.拆装过程	拆卸挡泥板	□完成	□未完成
	拆卸皮带	□完成	□未完成
	拆卸发电机电缆及插接头	□完成	□未完成
	拆卸发电机螺栓	□完成	□未完成
4.安装过程	检查发电机	□完成	□未完成
	安装发电机螺栓	□完成	□未完成
	安装并固定皮带	□完成	□未完成
	安装发电机电缆及插接头	□完成	□未完成

七　评分标准

实训评分表见表 4-3。

实 训 评 分 表　　　　　　　　　　　表 4-3

序号	考核项目		配分	评 分 标 准	得分
1	作业车辆安全检查		5	未检查或检查不到位扣 5 分	
2	检查工具、设备		10	未检查扣 5 分	
3	操作过程	拆装前工作	15	操作方法不正确或不全面酌情扣分	
		拆卸过程	20	拆卸方法不正确或不全面酌情扣分	
		安装过程	20	安装方法不正确或不全面酌情扣分	
		工具、仪器使用情况	10	使用不当或错误每次扣 2 分,扣完为止	
4	团队协作		5	酌情扣分	
5	收拾工量具		5	未收拾扣 5 分	

续上表

序号	考核项目	配分	评分标准	得分
6	车辆恢复	5	未恢复扣5分	
7	5S管理	5	酌情扣分	
8	遵守相关安全规范		因违规操作造成人员和设备事故的,总分按0分计	
	分数合计	100		

实训5　发电机电路检修

一　实训目标

(1)掌握汽车发电机控制电路原理。
(2)掌握判断发电机是否工作的方法。
(3)能根据故障现象分析典型故障原因。
(4)能熟练使用常用工具对电路进行检测。

二　实训内容

1. 判断发电机是否工作

发电机作用是在发动机的带动下将机械能转变为电能。判断它是否工作的简单方法是检测汽车起动前和起动后的电压变化,如果蓄电池电压降低或无明显变化,说明发电机不工作或工作不良,若汽车起动后蓄电池电压高于起动前电压,且变化值达到一定范围,则发电机正常运行。

2. 发电机控制电路分析

如图5-1所示,充电系统控制电路主要由蓄电池、继电器、熔断丝、发电机、导线和各插接头组成。

电路分析:车身控制模块BCM在发动机起动中监测蓄电池电压,以检测蓄电池电压过低情况。发动机控制模块ECM使用发电机磁场占空比,发电机磁场占空比信号电路连接至发电机励磁线圈高侧(F),在电压调节器内的脉宽调制(PWM)高侧驱动器使励磁线圈接通和断开,发动机控制模块使用脉冲宽度调制信号输入来确定发动机的发电负载,发动机控制模块检测发电机磁场占空比信号电路的状态,在点火开关处于打开位置(ON)且发动机关闭时,ECM应检测到一个接近0%的占空比,在发动机运转时,占空比应处于5%~99%之间。

三　实训器材

(1)实训车辆5辆。
(2)车辆防护三件套5套。
(3)世达120件套5套。

（4）KT600 检测仪、万用表、试灯各 5 套。

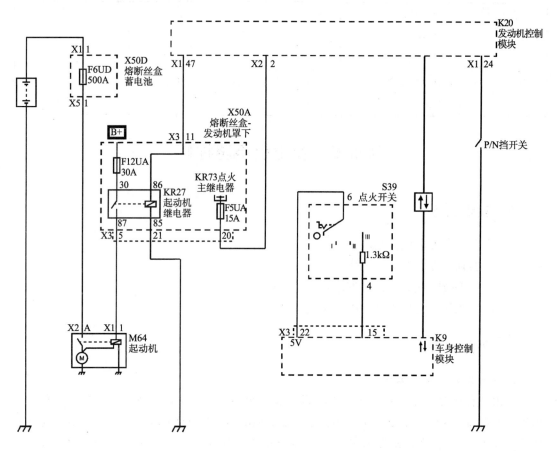

图 5-1　雪佛兰科鲁兹 1.6LDE 自动挡轿车充电系统原理图

四 实训要求

（1）在实践操作前，配齐所需工具，确保车辆放置安全位置，检查驻车制动器、空挡位置是否到位。
（2）安装车轮挡块到位，正确安装三件套和翼子板布、前格栅布。
（3）需要举升时，严格按照举升机的使用说明进行操作。
（4）实训过程要符合车辆维修的操作规程。
（5）正确使用电路检修工量具。

五 教学组织

1. 教学模式和方法

教学模式运用翻转课堂 + 理实一体化教学，在课前准备电路图、维修手册、作业单等，条件允许情况下事先录制关键操作微视频，在课中采用任务驱动法、讨论法、情境教学法等方法进行教学。

2. 教学组织

实行小班化教学，实训人数不超过 30 人，实行分组教学，教师 1 名。教学过程以学生为中心，以学生操作作业单引导学生对问题进行分析、检测并解决问题，即完成故障诊断与排除。教师指导并示范操作过程，做好学生过程性评价。

3. 教学实施过程

以培养学生职业习惯、职业素养为目标，强调安全生产，提醒学生安全规范操作，检查、指导和纠正学生操作中出现的不规范操作，组织学生分享学习成果，并对学生操作过程进行评价。

六 实训步骤

（一）判断充电机是否工作

（1）起动发动机前检查蓄电池电压，正常电压值在 12V 以上可以起动，如图 5-2 所示。

（2）起动发动机后，检查蓄电池电压，此时若蓄电池电压增高，如图 5-3 所示，说明发电机工作，若蓄电池电压无明显变化或电压未达到 14V，则发电机不工作或工作不良。

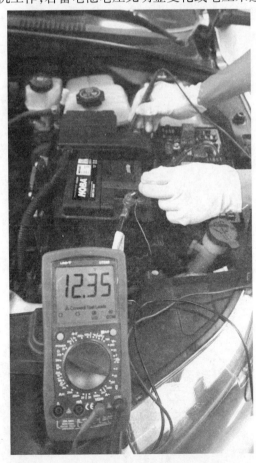
图 5-2　起动前电压

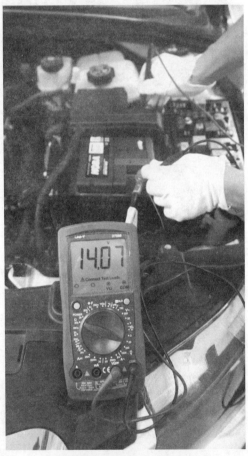
图 5-3　起动后正常电压

（二）发动机控制电路维修

发动机控制电路故障问题较多，本课题选其中典型案例为例进行分析。

案例：一辆2013款雪佛兰科鲁兹1.6LDE轿车，发动机能起动，但仪表指示板充电系统指示灯常亮。

1. 确认故障现象

发动机起动自检过后，充电指示灯常亮，发动机工作正常，如图5-4所示。

2. 读取故障码及数据流

通过诊断仪检测，诊断仪显示故障码为P0621——发电机L端子电路，如图5-5所示。读取数据流。数据流显示发电机L端子回路开路，数据流测试显示发电机L端子回路低电压测试状态故障，发电机L端子回路高电压电路测试没有运行，如图5-6所示。

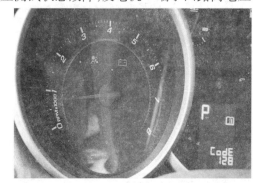

图5-4 充电指示灯常亮　　　　　　　　图5-5 读取故障码

查找维修手册P0621代码有三个信息说明，即DTC P0621 00——发电机L端子电路，DTC P0621 58——发电机L端子电路性能，DTC P0621 59——发电机L端子电路保护超时。

3. 故障分析

本案例中，根据故障码或数据流，结合电路图分析，F线为控制线，初步分析可能的故障原因为控制线故障。

4. 电路检测与故障排除

查询维修手册可知，需检查的占空比信号接脚为2号接脚，如图5-7、表5-1所示。

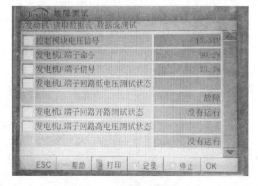
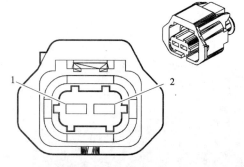

图5-6 数据流测试　　　　　　　　　　图5-7 针脚位置

1、2—针脚

针 脚 信 息　　　　　　　　　　　　　表 5-1

针脚	导线线色	功能	针脚	导线线色	功能
1	灰色	发电机连接信号	2	棕色	发电机磁场占空比信号

5. 电路检测

将发动机熄火,取下点火钥匙,按照车辆举升规范将车辆举升到合适的位置,断开发电机 X2 插接器,打开点火开关,测量线束端 2 号线电压,检测结果为 0V,正常电压为 12V,怀疑 F 线对地短路,测量 F 线与搭铁间电阻,电阻小于 1Ω,确定该电路短路。

6. 故障排除方法

按照现在维修企业故障排除方法,直接更换线束。如果不想更换线束,可查找该电路短路位置,并进行处理维修。

7. 故障排除效果验证并清码

故障排除后,用举升机将车辆放下,打开点火开关,起动车辆,确认故障排除效果。如电路故障未排完,则继续排除;如故障已经排除,则清除故障码。

8. 实践操作作业单

发电机控制电路检修学生作业单见表 5-2。

发电机控制电路检修学生作业单　　　　　　　　　　表 5-2

步　骤	内　　容		完成情况
1.实践操作前安全、设备检查	放置三角木		□完成　□未完成
	安装三件套、翼子板布、前格栅布		□完成　□未完成
	拉紧驻车制动器操纵杆		□完成　□未完成
	置于 N 挡(或 P 挡)		□完成　□未完成
2.确认现象	故障现象描述		□完成　□未完成
3.读取故障码或数据流	故障码		□完成　□未完成
	故障码含义		□完成　□未完成
	读取相关数据流		□完成　□未完成
4.根据故障码、数据流、电路图小组讨论	分析可能的故障原因		□完成　□未完成
5.确定诊断思路	确定检查顺序		□完成　□未完成
6.你认为有故障的部位检查及测量记录	可能故障部位	可能故障部位的检查记录	□完成　□未完成
7.故障点确认及排除	故障点确认:		□完成　□未完成
	故障点排除方法说明:		□完成　□未完成
	清除故障码		□已清除　□未清除
	验证故障是否排除		□已排除　□未排除

七 评分标准

实训评分表见表 5-3。

实 训 评 分 表　　　　表 5-3

序号	考核项目		配分	评分标准	得分
1	作业车辆安全检查		15	未检查或检查不到位扣 5 分	
2	检查工量具、仪器		5	未检查扣 5 分	
3	安装三件套		5	未安装扣 5 分,安装不到位扣 3 分	
4	各项目检查	电路检测	15	检测方法不正确或不全面每次扣 2 分,	
		元件检测	15	检测方法不正确或不全面每次扣 2 分	
		作业单记录	10	检测结果不正确或记录不正确每次扣 2 分	
		结论	5	结论不正确扣 5 分	
		工量具、仪器使用情况	10	使用不当或错误每次扣 2 分,扣完为止	
5	团队协作		5	酌情扣分	
6	收拾工量具		5	未收拾扣 5 分	
7	车辆恢复		5	未恢复扣 5 分	
8	5S 管理		5	酌情扣分	
9	遵守相关安全规范			因违规操作造成人员和设备事故的,总分按 0 分计	
	分数合计		100		

项目三 发动机电器

实训6 起动机电路检修

一 实训目标

(1)掌握起动机控制电路原理。
(2)掌握起动机控制电路典型故障排除方法。

二 实训内容

1. 认识起动机

汽车常用的起动机类型有强制啮合式、电枢移动式、齿轮移动式、减速式。

起动机作用:将蓄电池提供的电能转换为机械能,产生电磁转矩,通过传动机构传输给发动机,带动发动机工作。

2. 雪佛兰科鲁兹1.6L自动挡轿车起动机控制电路分析

科鲁兹轿车起动机控制电路,如图6-1所示。

控制电路原理:当点火开关置于"Start(起动)"位置时,起动信号被提供至车身控制模块(BCM),车身控制模块发送信息至发动机控制模块(ECM)通知请求起动。发动机控制模块确认变速器置于驻车挡或空挡。发动机控制模块控制开关闭合(红圈处),向起动继电器控制电路提供12V的电压,电磁线圈通电(86、85号脚)工作,30、86号脚线路接通,蓄电池正极电压通过起动继电器的开关侧提供至起动机电磁线圈的S端子(M64/XI-1),起动机工作。

三 实训器材

(1)实训车辆5辆。
(2)试灯、万用表、KT600诊断仪各5个。
(3)大头针若干。
(4)起动继电器5个。

四 实训要求

(1)在实践操作前,配齐所需工具,确保车辆放置安全位置,检查驻车制动器、空挡位置是否到位。

(2) 安装车轮挡块到位,三件套和翼子板布、前格栅布的安装方法要正确。

(3) 实训过程要符合车辆维修的操作规程。

(4) 正确使用电路检修工量具。

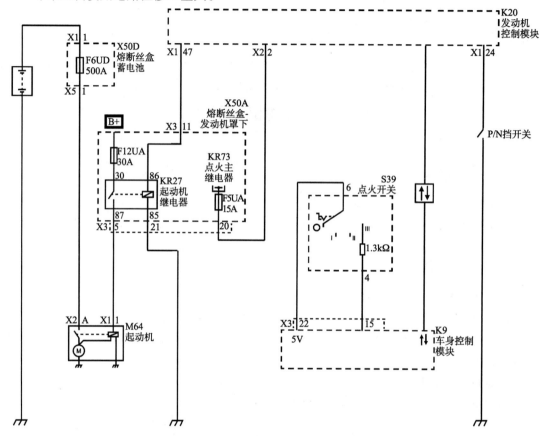

图 6-1　雪佛兰科鲁兹 1.6LDE 轿车起动机控制电路图

五　教学组织

1. 教学模式和方法

教学模式运用理实一体化教学,在课前准备电路图相关资料、PPT、作业单等,在课中采用任务驱动法、讨论法、小组合作法等方法进行教学。

2. 教学组织

实行小班化教学,实训人数不超过 30 人,实行分组教学,教师 1 名。教学过程以学生为中心,以学生实践作业单引导学生对问题进行分析、检测并解决问题,即完成故障诊断与排除。教师指导学生操作并监控整个教学过程的课堂管理。

3. 教学实施过程

以培养学生职业习惯、职业素养为目标,强调安全生产,提醒学生安全规范操作,检查、指导和纠正学生操作中出现的不规范操作,组织学生分享学习成果,并对学生操作过程进行评价。

项目三　发动机电器

六　实训步骤

以雪佛兰科鲁兹1.6LDE轿车起动机控制电路故障诊断为例,对起动机电路故障进行检测诊断排除。

案例:某起动机不转动,检查蓄电池电压为12.4V,起动瞬间电压无明显变化。

1. 确认故障现象

(1)进入检测仪,读取故障码,故障码为P0615,其含义是:起动机继电器控制电路。读取相关数据流如图6-2所示,读取控制模块电压信号和起动继电器指令数据,如图6-3所示。

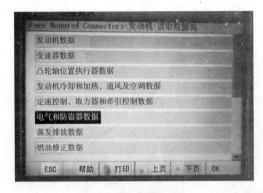

图6-2　读取数据流(1)

图6-3　读取数据流(2)

(2)将车辆熄火,取出钥匙。

2. 检测继电器

根据故障码、数据流和电路图分析,可能故障原因为起动继电器损坏,进行继电器检测。

(1)查看维修手册或熔断丝盒盖内部,如图6-4所示,查出起动继电器位置,拔出起动继电器,如图6-5所示。

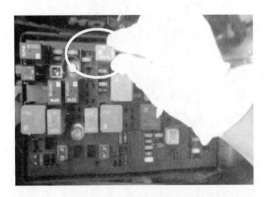

图6-4　起动继电器位置

图6-5　继电器针脚图示

(2)判断线圈接脚位置,将试灯夹接负极,如图6-6所示,用试灯测量各针脚(为方便测量,使用大头针连接),如图6-7所示,测量得知30号针脚位置接通电源线,表笔亮红灯,为常电电源线。

 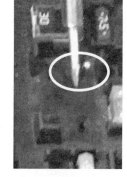

图 6-6　试灯夹接负极　　　　　图 6-7　30 号针脚位置

（3）将试灯夹接正极，如图 6-8 所示，试灯探头测量其他针脚，如图 6-9 所示，测量得知 86 号针脚为搭铁。

图 6-8　试灯夹接正极　　　　　图 6-9　86 号针脚位置

（4）检测出 85 号针脚位置，如图 6-10、图 6-11 所示。

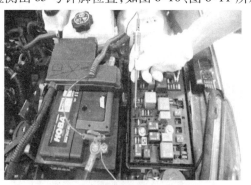 

图 6-10　检测 85 号针脚位置　　　图 6-11　85 号针脚位置

（5）检测出 86 号针脚位置，如图 6-12、图 6-13 所示。此时起动车辆，发动机控制模块供给 12V 蓄电池电压，此时试灯将点亮 3s。

（6）判断试灯是否正常，如图 6-14 所示，将两盏试灯同时接正极，试灯点亮。

（7）将试灯夹正极，继电器 85、30 号针脚接负极，如图 6-15 所示，将一只试灯触头接 86 号针脚位置，如图 6-16 所示，若继电器正常，电磁线圈产生吸引力将使 30、86 号针脚间导通，另一只试灯亮起，反之试灯不亮，继电器损坏。检测可知，继电器损坏，应更换继电器并验证。

项目三　发动机电器

图6-12　检测86号针脚位置　　　图6-13　检测出86号针脚位置

图6-14　判断试灯是否正常

图6-15　85、30号针脚接负极　　　图6-16　试灯不亮

3. 排除故障并验证

检测可知起动继电器损坏,更换新继电器后,接上电源,起动车辆,车辆起动正常。熄火,清除故障码。

4. 实践操作作业单

起动机控制电路检修学生作业单见表6-1。

起动机控制电路检修学生作业单　　　　　　　　　　表6-1

步　骤	内　容	完成情况	
1.实践操作前安全、设备检查	放置三角木	□完成	□未完成
	安装三件套、翼子板布、前格栅布	□完成	□未完成
	拉紧驻车制动器操纵杆	□完成	□未完成
	置于N挡(或P挡)	□完成	□未完成

续上表

步　骤	内　容		完成情况	
2.确认现象	故障现象描述		□完成	□未完成
3.读取故障码或数据流	故障码		□完成	□未完成
	故障码含义		□完成	□未完成
	读取相关数据流		□完成	□未完成
4.根据故障码、数据流、电路图小组讨论	分析可能的故障原因		□完成	□未完成
5.确定诊断思路	确定检查顺序		□完成	□未完成
6.你认为有故障的部位检查及测量记录	可能故障部位	可能故障部位的检查记录	□完成	□未完成
7.故障点确认及排除	故障点确认：		□完成	□未完成
	故障点排除方法说明：		□完成	□未完成
	清除故障码		□已清除	□未清除
	验证故障是否排除		□已排除	□未排除

七　评分标准

实训评分表见表6-2。

实训评分表　　　　　　　　　　　　　表6-2

序号	考核项目		配分	评分标准	得分
1	作业车辆安全检查		15	未检查或检查不到位扣5分	
2	检查工量具、仪器		5	未检查扣5分	
3	安装三件套		5	未安装扣5分,安装不到位扣3分	
4	各项目检查	电路检测	15	检测方法不正确或不全面每次扣2分	
		元件检测	15	检测方法不正确或不全面每次扣2分	
		作业单记录	10	检测结果不正确或记录不正确每次扣2分	
		结论	5	结论不正确扣5分	
		工量具、仪器使用情况	10	使用不当或错误每次扣2分,扣完为止	
5	团队协作		5	酌情扣分	
6	收拾工量具		5	未收拾扣5分	
7	车辆恢复		5	未恢复扣5分	
8	5S管理		5	酌情扣分	
9	遵守相关安全规范			因违规操作造成人员和设备事故的,总分按0分计	
	分数合计		100		

实训7　发动机管理系统检修

一　实训目标

(1) 认识发动机管理系统的组成及安装位置。
(2) 掌握发动机管理系统中各元件的检测方法。

二　实训内容

1. 发动机管理系统的组成及安装位置

随着现代汽车电子技术的快速发展,已经出现了"发动机管理系统"的概念。汽油机管理系统的核心问题是燃油定时、定量和点火正时,而柴油机管理系统的核心问题是燃油定量和喷油定时。汽车发动机管理系统由传感器、电控单元(ECU)和执行器组成(图7-1)。电子控制燃油喷射系统以电控单元(ECU)为控制中心,利用空气流量计、节气门位置传感器、曲轴转角及转速传感器等采集发动机在各种工况下的参数,按照在电控单元中设定的控制程序,通过控制喷油器,精确地控制喷油量,使发动机在各种工况下都能获得最佳浓度的混合气。下面以雪佛兰科鲁兹1.6LDE自动挡汽车发动机管理系统为例,认识其组成及电控单元、执行器和传感器安装位置。

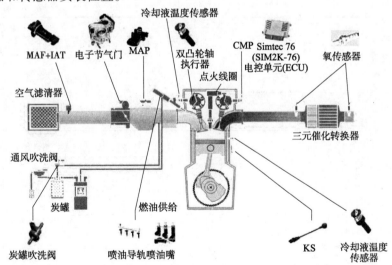

图7-1　发动机管理系统的组成

(1) 空气流量计。安装位置一般在空气滤清器后的进气道上。
(2) 进气温度传感器。安装在空气滤清器后的进气道上,与空气流量计设计为一体。
(3) 进气压力传感器。安装在节气门体之后的进气歧管上。
(4) 曲轴位置传感器。安装在曲轴后端。
(5) 凸轮轴位置传感器。安装在凸轮轴后端汽缸盖上。
(6) 氧传感器。安装在排气管中三元催化装置前后端。

（7）加速踏板位置传感器。安装在加速踏板后端部。

（8）节气门位置传感器。安装在进气总管节气门体上。

（9）曲轴位置传感器。安装在曲轴后端。

2. 管理系统各组成部分控制电路及检测参数

由于发动机管理系统内容较多，下面以雪佛兰科鲁兹1.6LDE轿车空气流量温度传感器和节气门位置传感器为例，对控制电路及检测参数进行说明。

（1）空气流量传感器电路图及检测参数。空气流量传感器电路图如图7-2所示。其检测参数见表7-1。

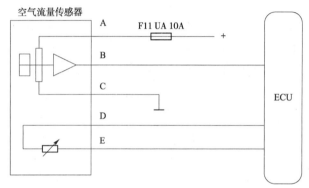

图7-2 空气流量传感器控制电路图

空气流量传感器检测基本参数 表7-1

序号	检查线路	检测条件	电压值（V）
1	A	打开点火开关，断开插接器，测量线束端电压	12
2	B		4.7～5.2
3	C		0
4	D		5
5	E		0

（2）节气门位置传感器电路图及检测参数。节气门位置传感器电路图如图7-3所示。其检测参数见表7-2。

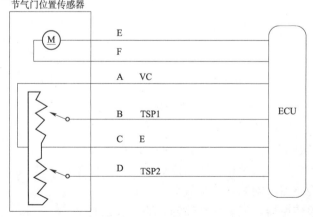

图7-3 节气门位置传感器控制电路图

节气门位置传感器检测基本参数　　　　　　　表7-2

序号	检查线路	检测条件	电压值(V)	
			急速	急速
1	A	打开点火开关,断开插接器,测量线束端电压	5	5
2	B		3.55	3.55~0.53
3	C		0	0
4	D		1.41	1.41~4.45

3. 发动机管理系统故障诊断与排除

汽车发动机管理系统故障主要表现在:元件本身故障和电路故障,其故障现象具体表现如下:

(1)发动机无法起动。一般由 ECU 供电不足或损坏、曲轴位置传感器损坏、喷油和点火系统不工作等造成。

(2)发动机起动困难。一般由 ECU 电源、搭铁及其他主要信号线路接触不良,曲轴位置传感器、空气流量计、进气压力传感器信号失准等造成。

(3)急速运行不良。一般由节气门位置传感器、空气流量传感器、进气压力传感器、喷油、点火系统工作不良等造成。

(4)加速不良。一般由节气门位置传感器、空气流量传感器、进气压力传感器、喷油、点火系统工作不良等造成。

三 实训器材

(1)举升工位4个。
(2)雪佛兰科鲁兹1.6AT轿车4辆。
(3)车辆防护三件套4套。
(4)常用汽车维修、检测工具4套。

四 实训要求

(1)在操作开始前,检查所有的设备和工量具。
(2)安装车轮挡块确保操作过程中车辆不会移动。
(3)三件套和翼子板布、前格栅布的安装方法要正确。
(4)注意操作时不要触碰高温部件,防止烫伤。
(5)注意设备、工量具和仪器的正确操作方法。
(6)实训过程要符合车辆维修的操作规程。

五 教学组织

1. 教学组织形式

本课程为"小班化"实训课,实训教师1名,学生32名,实训室共有4个实训工位,按照7人一个工位编组。

2. 教学组织

教学过程以学生为中心,以学生实践作业单引导学生对问题进行分析、检测并解决问题,即完成故障诊断与排除。教师指导学生操作并监控整个教学过程的课堂管理。

3. 教学实施过程

以培养学生职业习惯、职业素养为目标,强调安全生产,提醒学生安全规范操作,检查、指导和纠正学生操作中出现的不规范操作,组织学生分享学习成果,并对学生操作过程进行评价。

六 实训步骤

由于发动机管理系统内容较多,下面将以雪佛兰科鲁兹1.6LDE轿车进气压力传感器、冷却液温度传感器检修为例,对电路检修实训内容过程进行说明。

1. 进气压力传感器检测

(1)进气压力传感器安装在节气门体之后进气歧管上,如图7-4、图7-5所示。

图7-4 进气压力传感器安装位置　　　　图7-5 进气压力传感器

(2)控制电路:利用一组压电电阻器,当大气压力作用在一个膜片上,膜片再将机械力施加到电阻器上,信号电阻值即发生改变从而使信号电压发生变化,ECU根据信号电压的变化来计算进气量(图7-6)。发动机ECU向进气压力传感器提供5V参考电压电路和搭铁电路。

图7-6 进气压力传感器控制电路

(3)传感器检测。发动机未运转,拔下传感器插头,打开点火开关,电源为5.0V参考电压,如图7-7所示。插上传感器插头,信号压力为100kPa左右,电压为4.0V左右,如图7-8所示。

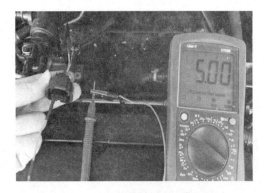

图7-7 进气压力传感器电源测量图　　　　图7-8 进气压力传感器信号数据流(静态)

起动发动机,急速运转时,信号压力为33kPa左右,电压为1.3V左右,如图7-9所示。当发动机处于高速时(3000r/min),信号压力和电压相应会增大,如图7-10所示。

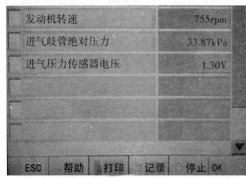

图7-9 进气压力传感器信号数据流(急速)

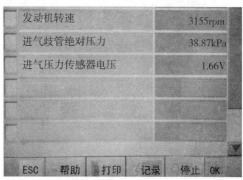

图7-10 进气压力传感器信号数据流(高速)

(4)检测作业单。把检测结果填在表7-3、表7-4中,与标准值进行比较,判断传感器电路、元件否正常。

进气压力传感器电路检测　　　　表7-3

线号	检测条件	电路电压测量(V)	
		电路状态(断开接插件)	工作状态(接上接插件)
1			
2			
3			
结论	电源线:(　　)色线 信号线:(　　)色线 搭铁线:(　　)色线	□电路正常	□电路异常

进气压力传感器元件检测　　　　表7-4

序号	检测状态	信 号 电 压
1	静态	
2	急速运行	
3	急加速	
4	急减速	
结论	□传感器正常	□传感器不正常

2. 冷却液温度传感器检修

(1)冷却液温度安装在发动机水道上,如图7-11、图7-12所示。

(2)控制电路:冷却液温度传感器为负温度系数的热敏电阻,电阻值与温度成反比。发动机ECU向传感器ECT1、ECT2分别提供5V、12V参考电压电路和搭铁电路,如图7-13所示。

(3)冷却液温度传感器(ECT1)的检测。

①电压法:用万用表直流电压挡20V测量传感器的输出电压,此电压应随温度的升高而降低。具体电压值随着温度的变化可参考维修手册,常温下(30℃)电压为2.6V左右,如图7-14所示。高温时(79℃)电压为0.65V左右,如图7-15所示。

图7-11 冷却液温度传感器ECT1安装位置

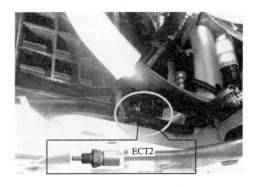
图7-12 冷却液温度传感器ECT2安装位置

图7-13 冷却液温度传感器控制电路

图7-14 冷却液温度传感器常温下电压值

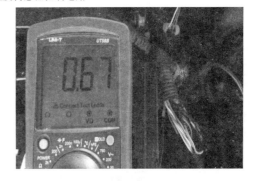
图7-15 冷却液温度传感器高温时电压值

②电阻法:用万用表20kΩ电阻挡检测冷却液温度传感器在不同温度下的阻值,阻值应随温度的升高而降低。常温下(30℃)电阻值为1.7kΩ左右,高温时(79℃)电阻值为220Ω左右,如图7-16、图7-17所示。

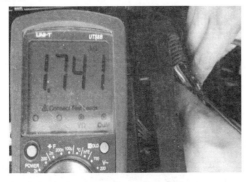
图7-16 冷却液温度传感器常温下电阻值

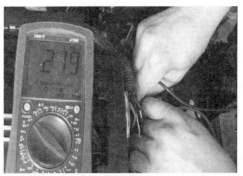
图7-17 冷却液温度传感器高温时电阻值

拔下冷却液温度传感器插头或传感器线路出现断路时,ECU 会默认一个温度值 -40℃,如图 7-18 所示。

(4)冷却液温度传感器好坏判断。拆下冷却液温度传感器,将传感器和温度表放入烧杯或加热容器中,如图 7-19 所示。

 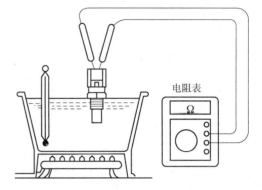

图 7-18　冷却液温度传感器数据流　　　　图 7-19　冷却液温度传感器单独检查

同时用万用表测量传感器两个端子之间的电阻,并将阻值与标准值进行比较,如果电阻明显地偏离标准值,则更换传感器。也可接上插接器,打开点火开关,用万用表或检测仪读取电压值,与标准值进行比较(表 7-5)。如果数值明显偏差,则更换传感器。传感器电压、电阻标准值可查询维修手册。

冷却液温度传感器好坏判断　　　　　　　　　　　　　　　　表 7-5

项目	温度(℃)	实测电阻值	标准值	实测电压值	标准值	结论
THW－E	10					
	20					
	40					
	70					

七　评分标准

实训评分表见表 7-6。

实 训 评 分 表　　　　　　　　　　　　表 7-6

序号	考核项目		配分	评分标准	得分
1	作业车辆安全检查		5	未检查扣 5 分	
2	检查工量具、仪器		5	未检查扣 5 分	
3	安装三件套		5	未安装扣 5 分	
4	检查机油、冷却液、蓄电池电压		5	未检查扣 5 分	
5	各项目检查	检查方法	20	操作不当每次扣 5 分	
		检查步骤	20	操作不当每次扣 5 分	
		检查结果	10	结果不正确扣 10 分	
		结论	5	结论不正确扣 5 分	
		工量具、仪器使用情况	5	使用不当每次扣 2 分	

续上表

序号	考核项目	配分	评分标准	得分
6	团队协作	5	酌情扣分	
7	收拾工量具	5	未收拾扣5分	
8	车辆恢复	5	未恢复扣5分	
9	5S管理	5	酌情扣分	
10	遵守相关安全规范		因违规操作造成人员和设备事故的,总分按0分计	
	分数合计	100		

项目四 车身电器

实训 8 灯光系统电路检修

一 实训目标

(1)能确认灯光系统故障现象。
(2)能根据故障现象分析故障原因。
(3)能熟练使用常用工具对电路进行检测。
(4)会灯光系统的检测、故障诊断与排除。

二 实训内容

1. 熟悉灯光系统的安装位置

汽车上的灯光系统包括多种照明设备系统和灯光信号装置系统,各安装位置如图 8-1 所示。将前照灯、前转向信号灯、示宽灯等组合起来,称为组合前灯;将尾灯、后转向信号灯、制动灯、倒车灯等组合起来称为组合后灯。灯光系统主要包括:

图 8-1 灯系的安装位置

(1)前照灯:俗称大灯,装在汽车头部的两侧,用于夜间或光线昏暗路面上汽车行驶时的照明。

(2)雾灯:安装在车头和车尾,位置比前照灯稍低。装于车头的雾灯称为前雾灯,车尾的雾灯称为后雾灯,有些车的后雾灯只有一个。

(3)示宽灯与尾灯:这两种都是低强度灯,用于夜间给其他车辆指示车辆位置与宽度。

(4)制动灯:安装在车辆尾部,有些车在后风窗玻璃上装有高位制动灯。其作用是通知后面或周围车辆该车正在制动,以避免后面车辆与其后部碰撞。

(5)转向信号灯:安装在车辆前后两端以及车身前翼子板周围,告知前后左右车辆表明驾驶人正在转弯或改换车道。

(6)危险警告灯:转向信号灯一起同时闪烁时,即作危险警告灯用。

(7)牌照灯:用于照亮尾部车牌,安装在牌照上方。

(8)倒车灯:安装于车辆尾部,当点火开关接通变速器换至倒车挡时,倒车灯点亮。

(9)仪表灯:安装在仪表板上。有些车还加装了灯光控制变阻器,使驾驶人能调整仪表灯的亮度。

(10)顶灯:安装在车内顶部,用于车内乘客照明,但必须不致使驾驶人炫目。通常客车车内灯都位于驾驶室中部,使车内灯光分布均匀。

2. 组合灯具拆装

在灯光系统里的大多数灯都是组合安装在车辆的前后两端,对其进行检修或更换时,需要拆卸灯具检查、更换。一般车上部分灯具可以直接拆除灯头进行更换,如2013款雪佛兰科鲁兹1.6LDE自动挡汽车前照灯组合灯具中的灯头可以直接拆卸更换,但是尾灯组合灯具就必须拆卸总成才能更换。不同车型,其灯光系统配置不同,灯具安装类型特点略有区别,可根据维修手册或实物进行拆装更换灯头或灯具总成。

3. 前照灯的调整与检测

前照灯在使用过程中,会因灯泡老化、反射镜变暗、照射位置不正而使前照灯的发光强度不足或照射位置不正确,影响汽车行驶速度和行车安全,因此,必须对前照灯进行检测和调整。

(1)检测要求。检验时,要求轮胎气压正常,场地平整,前照灯配光镜表面清洁,汽车空载,驾驶室内只有一名驾驶人。对装有两灯丝的前照灯以调整近光灯为主;对于只能调整远光光束的灯,调整远光单光束。采用四灯制的汽车,其中两只对称的灯达到两灯制的要求时,视为合格。

(2)检测方法。目前汽车维修企业和汽车检测站广泛采用前照灯检测仪来检测前照灯的发光强度和光束照射位置,据此来检验和调整汽车前照灯的发光强度和光轴偏斜量。前照灯检验仪根据其结构与原理的不同,可分为聚光式、屏幕式、投影式以及自动追踪式四种。按照检测仪说明书进行检测,它们的检验项目基本相同,可以检验前照灯的光束照射位置与发光强度(cd)或光照度(lx)。

4. 灯系电路常见故障诊断与排除

汽车灯光系统的故障主要表现在:电路器件本身的故障和电路故障,其故障现象具体表现如下。

(1)灯光不亮。灯光不亮的原因主要有灯泡损坏、熔断丝熔断、灯光开关或继电器损坏、电路短路或断路故障及控制器故障等。在进行故障诊断时,应根据故障码或电路图对电路进行分析检查,判断出故障的部位。

(2)亮度下降。若灯光亮度不够,多为蓄电池电量不足或发电机及调节器故障所引起。

另外,导线接头松动或接触不良,导线过细或搭铁不良,散光镜坏或反射镜有尘垢,灯泡玻璃表面发黑或功率过低及灯丝没有位于反射镜焦点上,均可导致灯光暗淡。

检查时,首先检查蓄电池和发电机的工作状态。若不符合要求,应先恢复电源系统的正常工作电压,在电源正常的状态下,检查电路的连接情况、控制器及灯具是否良好。

三 实训器材

(1)实训车辆5辆。
(2)车辆防护三件套5套。
(3)常用汽车拆装工具5套。
(4)KT600检测仪、万用表、试灯各5套。
(5)前照灯检验仪2台。

四 实训要求

(1)在实践操作前,配齐所需工具,确保车辆放置安全位置,检查驻车制动器、空挡位置是否到位。
(2)安装车轮挡块到位,正确安装三件套和翼子板布、前格栅布。
(3)实训过程要符合车辆维修的操作规程。
(4)正确使用电路检修工量具。

五 教学组织

1. 教学模式和方法

教学模式运用翻转课堂+理实一体化教学,在课前准备故障电路分析视频、作业单等,在课中采用任务驱动法、讨论法、情境教学法等方法进行教学。

2. 教学组织

实行小班化教学,实训人数不超过30人,实行分组教学,教师1名。教学过程以学生为中心,以学生实践作业单引导学生对问题进行分析、检测并解决问题,即完成故障诊断与排除。教师指导学生操作并监控整个教学过程的课堂管理。

3. 教学实施过程

以培养学生职业习惯、职业素养为目标,强调安全生产,提醒学生安全规范操作,检查、指导和纠正学生操作中出现的不规范操作,组织学生分享学习成果,并对学生操作过程进行评价。

六 实训步骤

(一)灯光系统的认识

以2013款雪佛兰科鲁兹1.6LDE自动挡轿车灯光系统为例,熟悉车上所有灯光系统组成、安装位置和操控方式(表8-1)。

认识科鲁兹轿车灯光系统　　　　　　　　　　　表 8-1

序号	检查项目	灯具安装位置	开关位置	开关操控状态	完成状态
1	前照灯			□会　□不会	□完成　□未完成
2	雾灯			□会　□不会	□完成　□未完成
3	小灯及仪表灯			□会　□不会	□完成　□未完成
4	室内及门灯			□会　□不会	□完成　□未完成
5	转向及警告灯			□会　□不会	□完成　□未完成
6	制动灯			□会　□不会	□完成　□未完成
7	倒车灯			□会　□不会	□完成　□未完成

(二)灯光系统电路故障诊断与排除

由于灯光系统内容较多,下面将以 2013 款雪佛兰科鲁兹 1.6LDE 轿车前照灯控制电路检修为例,对电路检修实训内容、过程进行说明。

案例:一辆 2013 款雪佛兰科鲁兹 1.6LDE,行驶里程 3 万 km,前照灯近光灯不工作。

1. 确认前照灯故障现象

通过开启前照灯开关,检查其工作状态,检查内容见表 8-2。前照灯开关位于转向盘的左侧仪表台上,如图 8-2 所示,该开关与小灯开关、前雾灯开关组合安装在一起。当开关旋转到前照灯标识位置时,近光灯亮,远光灯开关与转向灯开关组合安装在一起,远光灯开关是触发式开关,如图 8-3 所示,往下按一次,远光灯亮,再按一次灯灭,开启远光灯必须开启近光灯开关,即前照灯开关。超车灯开关是直接往上提拉,灯即亮。通过松提开关手柄实现灯亮灭的闪烁状态。

前照灯工作状态检查项目　　　　　　　　　　　表 8-2

序号	检查项目	检测结果	结论	备注
1	左右远光灯			
2	左右超车灯			
3	左右近光灯			
4	前照灯灯光			
故障现象描述				

图 8-2　科鲁兹轿车前照灯开关安装位置与标识

图 8-3　科鲁兹轿车远光灯开关位置与操控

如果是电路故障现象,即表 8-1 中前三个项目故障现象则进入步骤 2。如果是前照灯灯光强度或照射位置出现偏差故障现象,则要进行对前照灯调整和检测,根据检验仪的使用说明进行检查。

2. 读取故障码或数据流

使用 KT600 检测仪读取故障码或相关的数据流。根据故障码或数据流,分析电路图,确定故障范围,并对相关的电路和元件进行检测,确定故障原因。没有故障码或数据流存储功能的系统,则直接分析电路图,确定故障范围。读取故障码可查询维修手册了解其含义和诊断思路。本案例中故障码和数据流读取结果见表 8-3。

故障码和数据流读取结果　　　　　　　　　　表 8-3

检测项目	读取结果	
故障码及含义	故障码为 B257B,故障码含义是:照明控制开关信号	
数据流	远光灯指令	不活动
	远光灯继电器指令	不活动
	左右灯头近光灯	0%

3. 分析前照灯电路图

前照灯控制电路图如图 8-4 所示。其电路主要由继电器、熔断丝、灯具、车身控制模块、前照灯开关及导线等组成。

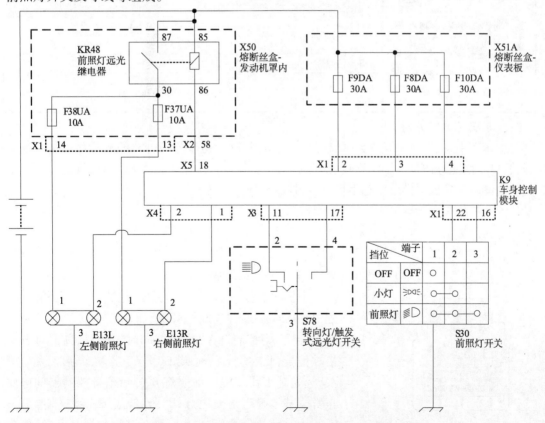

图 8-4　雪佛兰科鲁兹 1.6LDE 自动挡前照灯控制电路图

1）前照灯电路分析

当开启前照灯开关时,前照灯开关电路图中6号线与4号线接通,车身控制模块同时接收到来自16号线0V低电压信号时,车身控制模块则控制1、2线输出12V电压。这时前照灯近光灯亮。当触发远光灯手柄开关时,转向信号/多功能开关电路图中3号线与2号线接通,车身控制模块接收到来自11号线的0V电压信号,车身控制模块控制18线搭铁,此时远光灯继电器工作,远光灯亮,再次按下开关手柄,灯灭。当提拉远光灯手柄开关时,转向信号/多功能开关电路图中3号线与4号线接通,车身控制模块接收来自17号线0V低电压信号,超车灯亮。

电路图中,车身控制模块3、2、4号线分别为左、右近光灯、小灯到车身控制模块电源线,X51A熔断丝盒中F8DA、F9DA、F10DA为左、右近光灯、小灯到车身控制模块电源线熔断丝。车身控制模块2和1号线为左、右近光灯电源输出线。电路中各检测参数见表8-4。

2013款雪佛兰科鲁兹1.6LDE轿车前照灯控制电路检测参数表　　表8-4

序号	测量项目	检测条件	检测参数	备注
1	前照灯开关线束检测	断开开关插接器	3、4、5号线电压为12V,6号线为0V	
2	前照灯开关	电阻法,开关旋到小灯挡	3号线与6号线接通	
		电阻法,开关旋到近光灯挡	4号线与6号线接通	
3	转向信号/多功能开关线束检测	断开开关插接器	2、4号线电压为12V,3号线为0V	
4	转向信号/多功能开关	电阻法,手柄开关往下按	3号线与2号线接通	
		电阻法,手柄开关往下按	3号线与4号线接通	
5	车身控制模块连接线束检测	断开插接器,测量线束端	插接器X1中2、3、4、22、16号线为0V,插接器X3中11、17号线为0V	
6	车身控制模块输出电压检测	开启前照灯开关	X4中1、2号线电压为12V。	
		开启前照灯开关,再按下转向信号、多功能开关	X5中18号线电压为0V	

2）本案例电路分析

本案例中,根据故障码或数据流,结合电路图分析,初步分析可能的故障原因为前照灯开关损坏、前照灯插接器接触不良、前照灯到车身控制模块间电路断路、前照灯到车身控制模块线束与车身控制模块接触不良、车身控制模块故障等。

4. 电路检测与故障排除

根据分析结果,对车身控制模块或元件进行检测,如果确定元件或灯具损坏,则需要更换元件、灯具或总成,可根据维修手册拆装方法进行操作。

1）电路检测流程

根据电器故障诊断基本原则,先易后难,先外后里,先电路后机械。首先断开开关前插接器,查找线束端各线功能,人为控制开关工作,即同时给小灯、前照灯开关搭铁信号,此时,小灯、前照灯近光灯工作,开启前照灯开关,远光灯工作。说明前照灯开关到车身控制器间电路正常。基本确定是前照灯开关元件故障,检查前照灯开关元件,检测端子如图8-5所示。开启前照灯开关,电阻

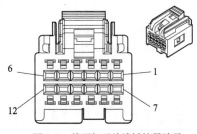

图8-5　前照灯开关端插接器端子

法检测前照灯开关相应的电路接通状况。检测结果见表8-5。

前照灯开关检测结果　　　　　　　　　　表8-5

序号	检测项目	检测条件	检测位置	检测结果	结　论
1	小灯挡位	开启小灯开关	检测6号端子与3号端子间电阻	无穷大	小灯挡位损坏,根据前照灯控制电路分析,车身控制模块必须接收到小灯开关信号,前照灯才工作
2	前照灯挡位	开启前照灯开关	检测6号端子与4号端子电阻	3.5Ω	
维修处理意见		更换前照灯开关总成			

2）前照灯更换方法

具体操作如下：

（1）关闭前照灯开关,断开前照灯前插接器,如图8-6所示。

（2）拆下防尘罩,如图8-7所示。

图8-6　断开前照灯插接器

图8-7　拆下前照灯防尘罩

（3）按下卡簧锁扣,取下卡簧,如图8-8所示。

（4）取下灯泡,检查卡簧是否紧固,图8-9所示。

（5）更换灯泡,安装步骤与拆卸步骤相反,需注意两点,一是灯具与灯座配合,如图8-10、图8-11所示；二是安装卡簧时,两边同时按下上锁,如图8-12所示。

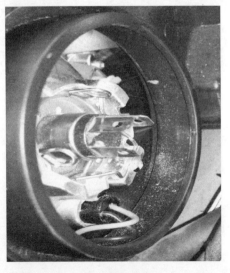

图8-8　取下卡簧

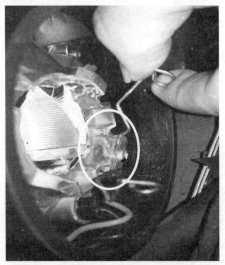

图8-9　检查卡簧是否紧固

图 8-10　灯头形状

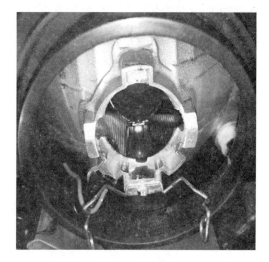
图 8-11　灯座形状

5. 故障排除效果验证并清码

故障排除后,通过操控开关,确认故障排除效果,即完成表中 8-1 中的检查内容,如果电路故障未排完,则继续排除。如故障已经排除则清除故障码,并检查前照灯灯光强度或照射位置是否正常,如果不正常则进行检查调整。调整位置如图 8-13 所示,从车头往后看,左边螺钉调整灯光的远近,即灯具的高度。右边为灯光亮度调整螺钉。

图 8-12　同时按下卡簧

图 8-13　前照灯灯光调整螺钉位置

6. 实践操作作业单

灯光系统电路检修学生作业单见表 8-6。

灯光系统电路检修学生作业单　　　　表 8-6

步　　骤	内　　容	完成情况	
1.实践操作前安全、设备检查	放置三角木	□完成	□未完成
	安装三件套、翼子板布、前格栅布	□完成	□未完成
	拉紧驻车制动器操纵杆	□完成	□未完成
	置于 N 挡(或 P 挡)	□完成	□未完成
2.确认现象	故障现象描述:	□完成	□未完成

续上表

步　骤	内　　容	完成情况	
3.读取故障码或数据流	故障码	□完成	□未完成
	故障码含义	□完成	□未完成
	读取相关数据流	□完成	□未完成
4.根据故障码、数据流、电路图小组讨论	分析可能的故障原因	□完成	□未完成
5.确定诊断思路	确定检查顺序	□完成	□未完成
6.你认为有故障的部位检查及测量记录	可能故障部位	可能故障部位的检查记录	
		□完成	□未完成
7.故障点确认及排除	故障点确认：	□完成	□未完成
	故障点排除方法说明：	□完成	□未完成
	清除故障码	□已清除	□未清除
	验证故障是否排除	□已排除	□未排除

七　评分标准

实训评分表见表8-7。

实训评分表　　　　表8-7

序号	考核项目		配分	评分标准	得分
1	作业车辆安全检查		15	未检查或检查不到位扣5分	
2	检查工量具、仪器		5	未检查扣5分	
3	安装三件套		5	未安装扣5分，安装不到位扣3分	
4	各项目检查	电路检测	15	检测方法不正确或不全面每次扣2分	
		元件检测	15	检测方法不正确或不全面每次扣2分	
		作业单记录	10	检测结果不正确或记录不正确每次扣2分	
		结论	5	结论不正确扣5分	
		工量具、仪器使用情况	10	使用不当或错误每次扣2分，扣完为止	
5	团队协作		5	酌情扣分	
6	收拾工量具		5	未收拾扣5分	
7	车辆恢复		5	未恢复扣5分	
8	5S管理		5	酌情扣分	
9	遵守相关安全规范			因违规操作造成人员和设备事故的，总分按0分计	
	分数合计		100		

实训9　仪表报警系统实车拆装

一　实训目标

(1)了解科鲁兹组合仪表及报警系统。
(2)掌握仪表报警系统的拆装方法。
(3)掌握正确使用拆装工具的方法。

二　实训内容

(1)认识仪表板中的各种仪表及警报灯。
(2)仪表板的拆装练习。

三　实训器材

(1)实训车辆5辆。
(2)车辆防护三件套5套。
(3)常用汽车拆装工具5套。

四　实训要求

(1)在实践操作前,配齐所需工具,确保车辆放置安全位置,检查驻车制动器。空挡位置是否到位。
(2)安装车轮挡块到位,三件套和翼子板布、前格栅布的安装方法要正确。
(3)实训过程要符合车辆维修的操作规程。
(4)正确使用拆装工具。

五　教学组织

1. 教学模式和方法

教学模式运用翻转课堂+理实一体化教学,在课前准备组合仪表报警系统拆装视频、作业单等,在课中采用任务驱动法、练习法等方法进行教学。

2. 教学组织

实行小班化教学,实训人数不超过30人,实行分组教学,教师1名。教学过程以学生为中心,以学生实践作业单引导学生完成仪表及报警系统拆装练习。教师指导学生操作并监控整个教学过程的课堂管理。

3. 教学实施过程

以培养学生职业习惯、职业素养为目标,强调安全生产,提醒学生安全规范操作,检查、指导和纠正学生操作中出现的不规范操作,组织学生分享学习成果,并对学生操作过程进行评价。

六 实训步骤

（一）认识仪表板中的仪表及各种报警灯

以雪佛兰科鲁兹仪表及报警系统为例，熟悉车上仪表板的功能组成，如图9-1所示。其各功能作用说明见表9-1。

图9-1 雪佛兰科鲁兹仪表面板

雪佛兰科鲁兹仪表面板各功能说明　　　　　　　表9-1

标识	名　　称	功　能　说　明
①	转速表	转速表单位是1/min×900，即显示发动机每分钟转多少千转。转速表能够直观地显示发动机在各个工况下的转速
②	冷却液温度表	冷却液温度表提示当前冷却液的温度，冷却液温度过高或者是升得过快，都要停车检查
③	里程表	显示汽车行驶的总里程数。科鲁兹的里程表可以显示三个内容，通过转动组合开关手柄上的旋钮，可以进行显示瞬间油耗、平均油耗和行驶里程
④	燃油表	燃油表用以指示汽车燃油箱内的存油量
⑤	车速表	汽车的速度表，是显示行车即时的速度
▶▶▶	远光指示灯	显示前照灯是否处于远光状态。在通常情况下，该指示灯处于熄灭状态，远光灯接通和使用瞬间远光灯时此灯亮起
▶▷◁	车外灯指示灯	用来显示车外示宽灯的状态。在通常情况下，该灯熄灭，当示宽灯点亮时，此灯随即亮起
🌡	冷却液温度指示灯	该指示灯用来显示发动机冷却液的温度，电门打开，车辆自检查时，会点亮数秒，后熄灭。冷却液温度指示灯长亮，说明冷却液温度超过了规定值，需立即停车，冷却液温度正常后熄灭
(!)	制动盘指示灯	用来显示制动盘磨损状态，一般该指示灯是熄灭状态，当制动盘出现故障或者是磨损过多的时候，该灯点亮，修复后熄灭

续上表

标识	名 称	功 能 说 明
	驻车制动手柄指示灯	驻车制动手柄(即手刹)拉起时,此灯点亮。驻车制动手柄被放下时,该指示灯自动熄灭。在有的车型上,制动液不足时此灯会亮
	故障指示灯	发动机工作状态的指示灯,接通电门后点亮,3~4s后熄灭,发动机正常。不亮或者长亮表示发动机故障,需要及时修理
	安全气囊,安全带张紧指示灯	显示安全气囊工作状态的指示灯,接通电门后点亮,3~4s后熄灭,表示系统正常,不亮或长亮表示系统存在故障
	转向信号灯	转向灯亮时,相应侧的转向灯按一定频率闪烁。按下双闪警报灯,两灯同时亮起,转向灯熄灭后,指示灯自动熄灭
	燃油指示灯	提示燃油不足的指示灯,该灯亮起时,表示燃油即将耗尽,一般从该灯亮起到燃油耗尽之前,车辆还能行驶50km左右
	机油压力指示灯	显示发动机机油压力的指示灯,该灯亮起时表示润滑系统失去压力,可能有渗漏,此时需立即停车,关闭发动机进行检查
	防抱死制动系统(ABS)指示灯	接通电门后点亮,3~4s后熄灭,表示系统正常。不亮或长亮则表示系统故障,此时可以继续低速行驶,但应避免紧急制动
	内循环指示灯	显示车辆空调系统的工作状态,平时为熄灭状态,当点亮内循环按钮,车辆关闭外循环,空调系统进入内循环时,该灯点亮
	充电系统指示灯	显示蓄电池充电状态的指示灯,接通电门后亮起,发动机起动后熄灭。如果不亮或常亮不灭,应立即检查发电机及电路
	安全带提示灯	显示安全带状态,按车型不同,灯会亮起数秒进行提示,或者直到系好安全带才熄灭,有的车还有声音提示
	车门指示灯	用来显示各车门状况,任意车门未关上或者是未关好,该指示灯点亮相应的车门指示灯,当车门关闭或者关好时,该指示灯自动熄灭
	清洗液指示灯	用来显示车辆玻璃清洁液的剩余量,一般为熄灭状态,当玻璃清洁液不足需要添加时,该灯点亮。添加玻璃清洁液后,该灯熄灭
	电子节气门灯	常见于大众品牌车型中,打开钥匙门,车辆开始自检,该灯会点亮数秒,随后熄灭。如果车辆起动后仍不熄灭,说明车辆机械与电子系统出现故障

续上表

标识	名 称	功 能 说 明
	雾灯指示灯	用来显示后雾灯的工作状况,当前后雾灯点亮时,该灯相应的标志就会点亮。关闭雾灯后,相应的指示灯熄灭
 O/D OFF	O/D挡指示灯	用来显示自动挡的O/D挡超速挡的工作状态,当该灯闪亮,说明O/D挡已锁止。此时加速能力获得提升,但会增加油耗
 VSC	VSC指示灯	显示车辆VSC(电子车身稳定系统)的工作状态,多出现在日系车上,该灯点亮时,说明VSC系统已被关闭
	TCS指示灯	显示车辆TCS(牵引力控制系统)的工作状态,多出现在日系车上。当该指示灯点亮时,说明TCS系统已被关闭

(二)仪表报警系统实车拆装步骤

仪表报警系统实车拆装步骤见表9-2。

仪表报警系统拆装步骤　　　　　　　　　　　表9-2

步　骤	图　例
1.打开仪表板相关卡扣,取出仪表板上面的装饰板总成,如图9-2所示	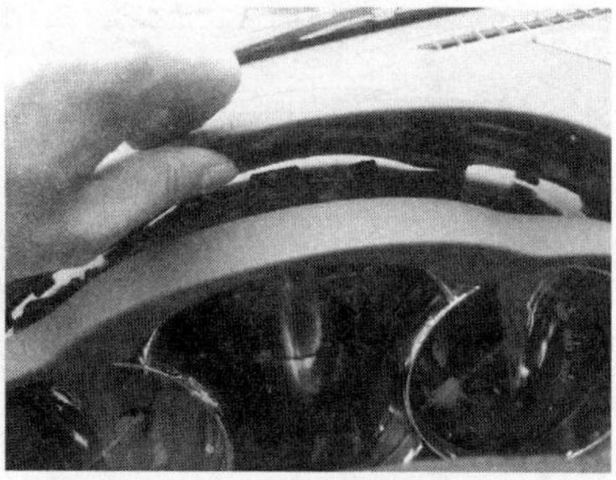 图9-2　取下仪表装饰板总成
2.取下仪表板的三个紧固螺钉,如图9-3所示	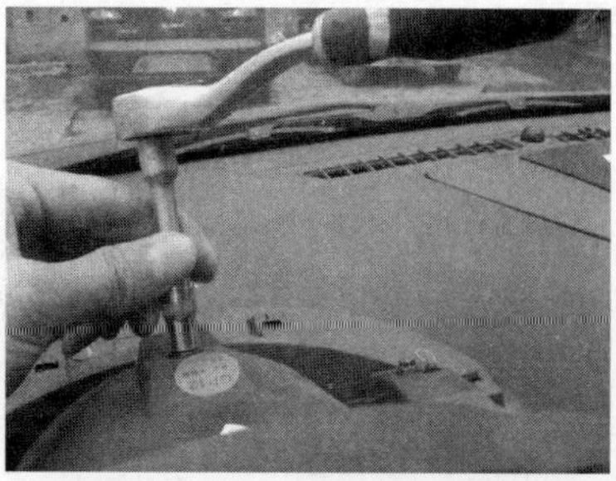 图9-3　取下仪表板紧固螺钉

续上表

步　骤	图　例
3. 取下转向柱装饰盖，如图9-4 所示	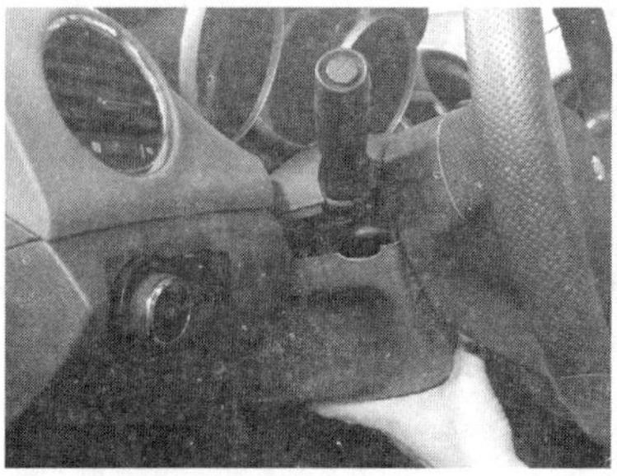 图9-4　取下转向柱装饰盖
4. 拉出仪表板上连接的小装饰盖，如图9-5 所示	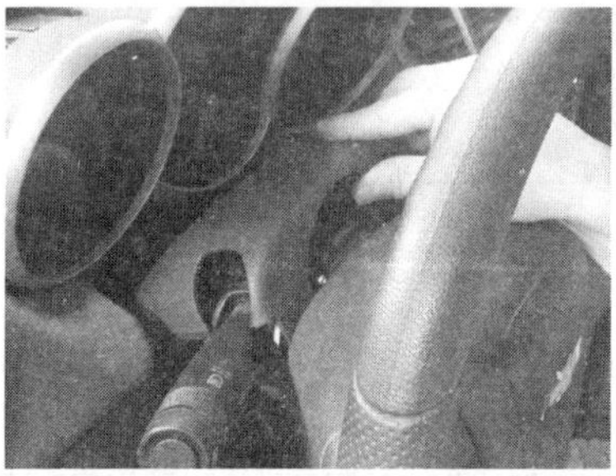 图9-5　拉出仪表下装饰盖
5. 取下仪表板下的两个紧固螺钉，如图9-6 所示	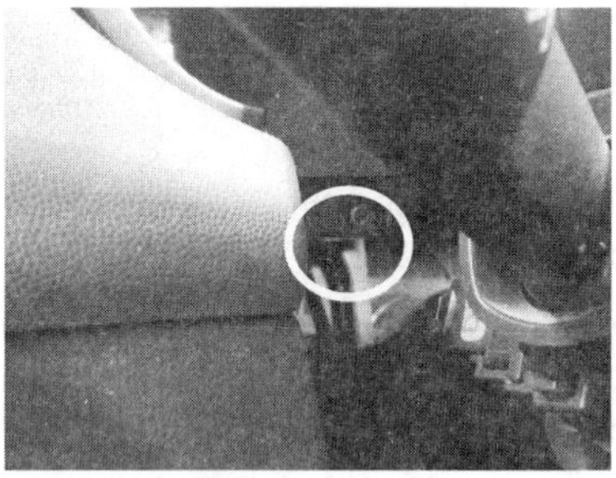 图9-6　取下紧固螺钉
6. 取出仪表板，如图9-7 所示	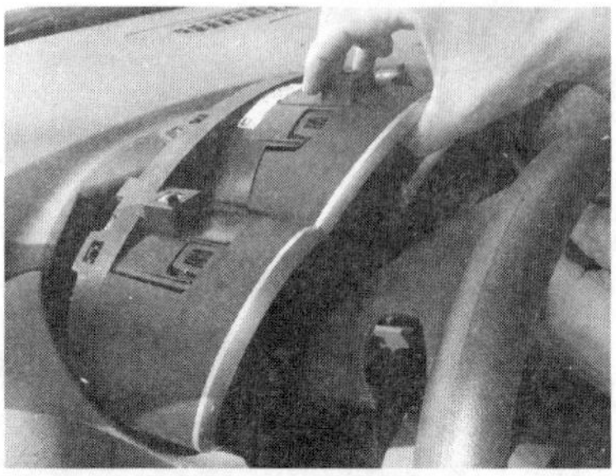 图9-7　取出仪表板

项目四　车身电器

续上表

步　骤	图　例
7.拔下仪表板后面的线束插接器，如图9-8所示	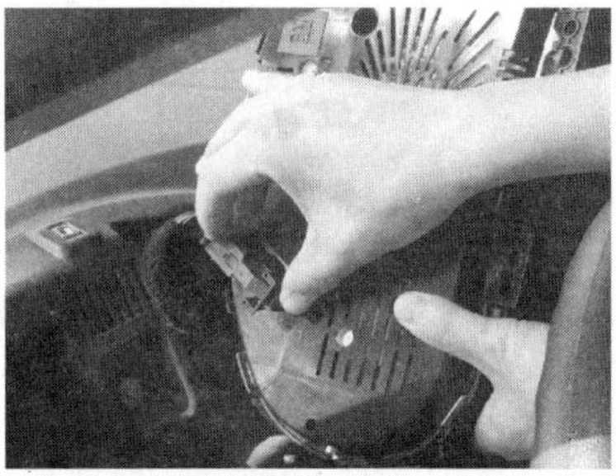 图9-8　拔下插接器
8.安装步骤由第七步往上进行 仪表拆装注意事项：在拆卸和安装音响时，必须使用专用工具，以防将汽车仪表台装饰面板划伤。紧固螺钉的时候用7N·m的力矩，不要用力过大	

（三）实践操作作业单

仪表报警系统实车拆装练习作业单见表9-3。

仪表报警系统实车拆装练习作业单　　　　　　表9-3

步　骤	内　容	完成情况	
1.实践操作前安全.设备检查	放置三角木	□完成	□未完成
	安装三件套、翼子板布、前格栅布	□完成	□未完成
	拉紧驻车制动器操纵杆	□完成	□未完成
	置于N挡(或P挡)	□完成	□未完成
	检查万用表	□完成	□未完成
	检查试灯	□完成	□未完成
	连接诊断仪并开机	□完成	□未完成
2.需要使用的工具	各种工具及型号	□完成	□未完成
3.拆装步骤	拆装步骤解析	□完成	□未完成
4.拆装注意事项	工具使用注意事项	□完成	□未完成
	拆装规范注意事项	□完成	□未完成

七　评分标准

实训评分表见表9-4。

实训评分表　　　　　　表9-4

序号	考核项目	配分	评分标准	得分
1	作业车辆安全检查	10	未检查或检查不到位扣5分	
2	检查工量具、仪器	5	未检查扣5分	
3	安装三件套	5	未安装扣5分，安装不到位扣3分	

57

续上表

序号	考核项目		配分	评分标准	得分
4	各项目检查	选取工具是否得当	10	拆装方法不正确或不全面每次扣2分，	
		操作是否符合规范	10	拆装方法不正确或不全面每次扣2分	
		拆装过程	15	未完成拆装过程，酌情扣分	
		作业单记录	9	检测结果不正确或记录不正确每次扣2分	
		结论	5	结论不正确扣5分	
		工量具、仪器使用情况	9	使用不当或错误每次扣2分，扣完为止	
5	团队协作		5	酌情扣分	
6	收拾工量具		5	未收拾扣5分	
7	车辆恢复		5	未恢复扣5分	
8	5S管理		7	酌情扣分	
9	遵守相关安全规范			因违规操作造成人员和设备事故的，总分按0分计	
	分数合计		100		

实训10 风窗刮水系统拆装

一 实训目标

（1）掌握正确使用拆装工具的方法。
（2）掌握正确拆装风窗刮水系统组件的方法。
（3）熟悉风窗刮水系统的各零件的名称、位置、结构和作用。

二 实训内容

1. 刮水器的组成

电动刮水器主要由直流电动机、蜗轮箱、曲柄、连杆、摆杆、摆臂和刮水片等组成。一般电动机和蜗轮箱结合成一体组成刮水器电动机总成、曲柄、连杆和摆杆等。杆件可以把蜗轮的旋转运动转变为摆臂的往复摆动，使摆臂上的刮水片实现刮水动作。刮水器的组成如图10-1所示。

2. 风窗玻璃洗涤装置

风窗玻璃洗涤装置与刮水器配合使用，可以使汽车风窗刮水器更好地完成刮水工作并获得更好的刮水效果。风窗洗涤装置的组成如图10-2所示，主要由储液罐、洗涤泵、输液管、喷嘴等组成。洗涤泵一般由永磁直流电动机和离心叶片泵组装成为一体，喷射压力可达70~88kPa。

洗涤泵一般直接安装在储液罐上，但也有安装在管路内的。在离心泵的进口处设置有滤清器。

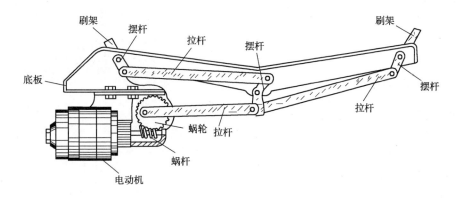

图 10-1　刮水器的组成

3. 实训任务

按照维修手册的规范要求对风窗刮水系统各个部件和总成进行拆装,通过拆装去观察和认识风窗刮水系统的构成和基本工作原理。

三　实训器材

(1) 举升工位 5 个。
(2) 科鲁兹轿车 5 辆。
(3) 车辆防护三件套 5 套。
(4) 常用汽车维修工具 5 套。

四　实训要求与注意事项

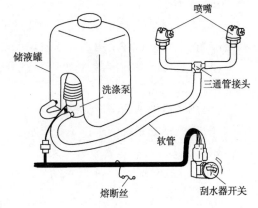

图 10-2　风窗洗涤装置

(1) 在操作开始前,检查所有的设备并备齐工具。
(2) 安装车轮挡块时,可以用举升机顶起部分车轮。
(3) 三件套和翼子板布、前格栅布的安装方法要正确。
(4) 实训过程要符合车辆维修的操作规程。

五　教学组织

1. 教学组织形式

本课程为理实一体化实践课程,小组分工合作。信息化技术的引入与使用,改善教学环境、教学载体、教学方式,提高教学效率。

2. 实训教师职责

使用课件、实训指导书、微课、实训范例、操作规范、试题库等信息化教学手段,讲解实训任务的操作步骤和相关注意事项,对关键环节进行有效示范,课中组织学生进行分组事项,巡视、检查、指导和纠正学生操作中的错误,做好课堂总结,组织学生做好 5S 管理。

3. 学生职责

小组成员与他人合作,对疑惑问题进行交流探究,按规范进行操作,完成必要解释和说明。组长负责,以先进带动后进,组员之间相互学习、相互帮助、相互指正。

六 操作步骤

1. 风窗玻璃洗涤泵的更换

拆卸程序,根据图 10-3 所示结构进行拆卸。
(1)拆下前轮罩衬板。
(2)断开洗涤泵插接器。
(3)将洗涤泵软管从洗涤泵上断开。
(4)将洗涤泵从洗涤液储罐上拆下。
(5)将风窗玻璃洗涤液排放到干净容器中。
(6)将洗涤泵端子密封件从洗涤液储罐上拆下。

安装程序:
(1)将洗涤泵端子密封件定位于洗涤液储液罐。
(2)在端子密封件上用强力风窗玻璃洗涤液作为润滑剂,将洗涤泵定位于洗涤液储罐。
(3)连接洗涤泵插接器,将洗涤泵软管连接到洗涤泵上。
(4)安装前轮罩衬板。
(5)用洗涤液加注洗涤液储罐。
(6)检查洗涤系统的工作是否正常。

2. 风窗玻璃刮水器电动机的更换

拆卸程序,根据图 10-4 所示结构进行拆卸。

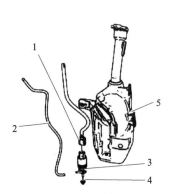 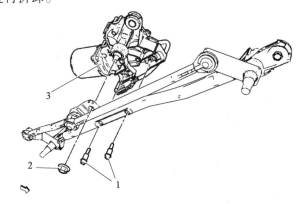

图 10-3 风窗玻璃洗涤泵结构图
1-电气连接器;2-洗涤泵软管;3-洗涤泵;
4-洗涤泵端子密封件;5-洗涤液储罐

图 10-4 风窗玻璃刮水器电动机结构图
1-风窗玻璃刮水器电动机螺栓;2-风窗玻璃刮水器电动机螺母;3-风窗玻璃刮水器电动机总成

(1)拆下风窗玻璃刮水臂、进风口格栅板。
(2)拆下刮水器驱动系统模块。
(3)以紧固力矩 10N·m 拆卸风窗玻璃刮水器两颗电动机螺栓及螺母。

(4)拆卸风窗玻璃刮水器电动机。

3. 风窗玻璃刮水臂的更换

拆卸程序,根据图 10-5 所示结构进行拆卸。

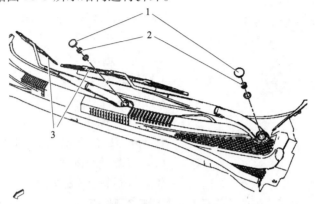

图 10-5 风窗玻璃刮水臂
1-风窗玻璃刮水臂装饰盖;2-风窗玻璃刮水臂螺母;3-风窗玻璃刮水臂总成

(1)拆卸风窗玻璃刮水臂装饰盖,拆下装饰盖。

(2)拆卸风窗玻璃刮水臂螺母。

①在风窗玻璃下遮光区域处找到中央带黑点的透明基圆,将刮水臂定位于枢轴以使刮水片从透明基圆中央穿过。

②将刮水臂向下压到枢轴上,同时提起刮水臂刮水片部位。

③安装刮水臂螺母,保持刮水臂固定就位。

④拧紧刮水臂螺母。

⑤松开刮水臂总成。

⑥以紧固力矩 24.5N·m 对另一个刮水臂进行拆卸。

(3)拆卸风窗玻璃刮水臂总成。

4. 风窗玻璃刮水片的更换

拆卸程序,按图 10-6 所示结构进行拆卸。

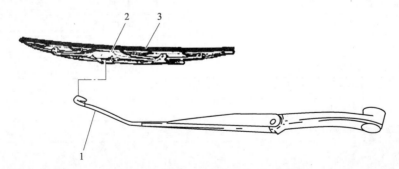

图 10-6 风窗玻璃刮水片
1-风窗玻璃洗涤器臂;2-风窗玻璃刮水臂刮水片拆卸凸舌;3-风窗玻璃洗涤器片

(1)提起刮水臂从风窗玻璃上拆下。

(2)拆卸风窗玻璃洗涤器臂。

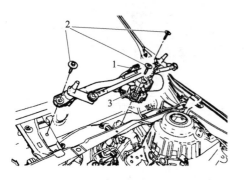

图10-7 风窗玻璃刮水器传动机构
1-电气连接器；2-风窗玻璃刮水器传动机构螺栓；3-风窗玻璃刮水器传动机构

(3)拆卸风窗玻璃刮水臂刮水片拆卸凸舌。
(4)拆卸风窗玻璃洗涤器片。

5. 风窗玻璃刮水器传动机构的更换

拆卸程序，按图10-7所示结构进行拆卸。
(1)拆下刮水臂。
(2)拆下进风口格栅板。
(3)拆卸电气连接器。
(4)以紧固力矩10N·m拆卸风窗玻璃刮水器传动机构3个螺栓。
(5)拆卸风窗玻璃刮水器传动机构。

6. 实践操作作业单

维修人员操作、安全评价表见表10-1。

维修人员操作、安全评价表　　　　　　表10-1

维修作业员工姓名：＿＿＿＿＿＿　　日期：＿＿＿＿＿＿＿＿＿
故障情况：＿＿＿＿＿＿＿＿＿＿　　更换配件情况：＿＿＿＿＿＿

1. 正确摆放工具☐	
2. 安全操作穿戴： 工作服穿戴整齐 ☐、不穿拖鞋 ☐、不带入食品 ☐、不乱扔垃圾 ☐	
3. 操作集中精神☐、不说笑、打闹 ☐	
4. 详细检查所用工具、设备☐、发现损坏、不安全因素，及时上报解决 ☐	
5. 检查周围环境有无障碍物、危险物☐、 工作时照顾左邻右舍，不妨碍他人工作安全 ☐	
6. 拆装零部件： 不大力蛮干、不用硬物或手锤直接敲击零件☐ 零件按要求顺序摆放整齐，不随地堆放☐	
7. 正确拆卸风窗玻璃洗涤泵 ☐	误操作部位＿＿＿＿＿＿＿＿
8. 正确拆卸风窗玻璃刮水器电动机 ☐	误操作部位＿＿＿＿＿＿＿＿
9. 正确拆卸风窗玻璃刮水臂☐	误操作部位＿＿＿＿＿＿＿＿
10. 正确拆卸风窗玻璃刮水片 ☐	误操作部位＿＿＿＿＿＿＿＿
11. 正确拆卸风窗玻璃刮水器传动机构 ☐	误操作部位＿＿＿＿＿＿＿＿
12. 整齐摆放工具 ☐	
13. 无损坏、遗失工具和零件 ☐	
14. 清洁工作场地：工作场所 ☐　车辆旁 ☐　工作台 ☐　通道整洁 ☐	
评价结果：	

七 评分标准

实训评分表见表10-2。

实 训 评 分 表　　　　　　　　表10-2

序号	考核项目		配分	评分标准	得分
1	作业车辆安全检查		10	未检查或检查不到位扣5分	
2	检查工量具、仪器		5	未检查扣5分	
3	安装三件套		5	未安装扣5分,安装不到位扣3分	
4	各项目拆装	元件拆卸	15	拆卸方法不正确或不全面每次扣2分,	
		元件安装	15	安装方法不正确或不全面每次扣2分	
		作业单记录	15	检测结果不正确或记录不正确每次扣2分	
		工量具、仪器使用情况	10	使用不当或错误每次扣2分,扣完为止	
5	团队协作		5	酌情扣分	
6	收拾工量具		5	未收拾扣5分	
7	车辆恢复		5	未恢复扣5分	
8	5S管理		5	酌情扣分	
9	遵守相关安全规范			因违规操作造成人员和设备事故的,总分按0分计	

实训11　风窗刮水系统电路检修

一 实训目标

(1)能确认风窗刮水系统故障现象。
(2)能根据故障现象分析故障原因。
(3)能熟练使用常用工具对电路进行检测。
(4)会风窗刮水系统的检测、故障诊断与排除。

二 实训内容

1. 风窗刮水系统开关的使用

雪佛兰科鲁兹1.6L轿车风窗刮水器开关功能:2为高速,1为低速,为可调节定时间隔刮水,0为关闭。当风窗玻璃刮水器关闭时,若想刮水一次,需下压控制杆。风窗刮水器开关如图11-1所示。

风窗洗涤器开关功能:转动调节轮来调节刮水间隔,较短间隔需调节轮向上;较长间隔需调节轮向下。风窗洗涤器开关如图11-2所示。

2. 风窗刮水系统电路常见故障诊断与排除

汽车风窗刮水系统的故障主要表现在:电路器件本身的故障和线路故障,其故障现象具体表现为风窗刮水系统低速、高速、洗涤挡不工作。原因主要有:电动机损坏、K9车身模块损坏、熔断丝熔断、开关或继电器损坏、线路短路或断路故障及控制器故障等。在进行故障诊断时,应根据故障码或电路图对电路进行分析检查,判断出故障的部位。

检查时,首先检查蓄电池和发电机的工作状态。若不符合要求,应先恢复电源系统的正常工作电压,在电源正常的状态下,检查电路的连接情况、控制器及电动机是否良好。

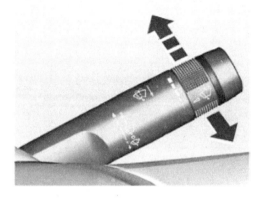
图11-1　风窗刮水器开关

图11-2　风窗洗涤器开关

三 实训器材

(1) 举升工位5个。
(2) 雪佛兰科鲁兹1.6LDE轿车5辆。
(3) 车辆防护三件套5套。
(4) 常用汽车拆装工具5套。
(5) KT600检测仪、万用表、试灯各5套。

四 实训要求与注意事项

(1) 在实践操作前,配齐所需工具,确保车辆放置安全位置,检查驻车制动器、空挡位置是否到位。
(2) 安装车轮挡块到位,三件套和翼子板布、前格栅布的安装方法要正确。
(3) 实训过程要符合车辆维修的操作规程。
(4) 正确使用电路检修工量具。

五 教学组织

1. 教学组织形式

本课程为理实一体化实践课程,小组分工合作。信息化技术的引入与使用,改善教学环境、教学载体、教学方式,提高教学效率。

2. 实训教师职责

使用课件、实训指导书、微课、实训范例、操作规范、试题库等信息化教学手段,讲解实训任务的操作步骤和相关注意事项,对关键环节进行有效示范,课中组织学生进行分组事项,巡视、检查、指导和纠正学生操作中的错误,做好课堂总结,组织学生做好5S管理。

3. 学生职责

职场角色扮演式实物练习,角色扮演完成"自身职责"。与他人合作,对疑惑问题进行交流探究,按规范进行操作,完成必要解释和说明,阐述故障原因。

六 操作步骤

(一)风窗刮水系统电路故障诊断与排除

以雪佛兰科鲁兹1.6L轿车风窗刮水电路检修为例,对电路检修实训内容过程进行说明。
案例:一辆雪佛兰科鲁兹1.6L轿车,行驶里程3万km,风窗刮水系统低速挡不工作。

1. 确认故障现象

通过开启风窗刮水系统各挡位开关,检查其工作状态,检查内容见表11-1。

风窗刮水系统工作状态检查项目　　　　　　表11-1

序号	检查项目	检查结果	结论	故障现象描述
1	风窗刮水系统低速挡			
2	风窗刮水系统高速挡			
3	风窗刮水系统洗涤挡			

2. 读取故障码或数据流

使用KT600检测仪读取故障码或相关的数据流。根据故障码分析电路图,确定故障范围,并对相关的电路和元件进行检测,确定故障原因。没有故障码或数据流存储功能的系统,则直接分析电路图,确定故障范围。读取故障码可查询维修手册了解其含义和诊断思路。本案例中故障码读取结果见表11-2。

故障码和数据流读取结果　　　　　　表11-2

检测项目	读取结果
故障码及含义	故障码为B3715,故障码含义是:风窗玻璃刮水器电路

3. 分析风窗刮水系统电路图

风窗刮水系统控制电路图如图11-3所示。其电路主要由风窗刮水器速度控制继电器、风窗刮水器继电器、熔断丝、刮水器电动机、车身控制模块K9、刮水器开关及导线等组成。

1)风窗刮水系统电路原理

按照刮水器开关的指示,车身控制模块通过监测来自前刮水器/洗涤器开关的几个信号来确定前刮水器/洗涤器系统的操作模式。风窗玻璃刮水器/洗涤器开关从车身控制模块接收参考搭铁信号。每个车身控制模块的输入信号为其收到的各风窗玻璃刮水器/洗涤器开关输出信号提供可开关的蓄电池上拉电压。当刮水器开关向搭铁参考信号提供通路时,所有车身控制模块输入信号被视为激活。车身控制模块接收到的第一个信号是由配置为阶梯电阻网络的风窗玻璃刮水器开关内的6个电阻产生的。该信号传输至车身控制模块的模/数转换输入装置。根据选择功能(高速、低速、间歇1~5、除雾、关闭),前刮水器控制开关将不同的电阻器组连接至电路,从而在车身控制模块的A/D输入上产生不同的电压。通过监测此电压,车身控制模块可以确定如何控制刮水器电动机接通/断开继电器。

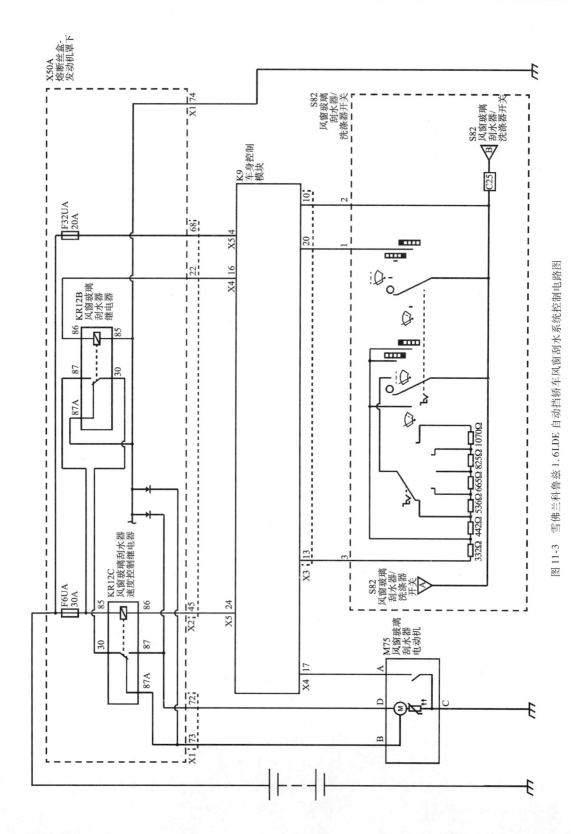

图11-3 雪佛兰科鲁兹1.6LDE自动挡轿车风窗刮水系统控制电路图

车身控制模块通过2个输出信号和对一个输入信号的监测来控制风窗玻璃刮水器电动机操作。2个输出信号(一个高压侧驱动,一个低压侧驱动)用来控制2个外部刮水器电动机继电器:风窗玻璃刮水器电动机接通/断开继电器:由车身控制模块的高压侧驱动信号(可开关的蓄电池电压信号)激活时,向刮水器电动机提供蓄电池电源。当左侧被停用时,动断触点向刮水器电动机提供搭铁。刮水器高/低速继电器:由车身控制模块的低压侧驱动信号(搭铁)激活时,将刮水器电动机接通/断开继电器提供的电源切换至电动机高速输入信号。当左侧被停用时,动断触点将刮水器电动机接通/断开继电器提供的电源连接至电动机低速输入信号上。

2)本案例电路分析

本案例根据故障码或数据流,结合电路图分析,初步分析可能的故障原因为风窗刮水器继电器损坏、风窗刮水器继电器搭铁开路、车身控制模块控制电路和搭铁之间短路、插接器接触不良、车身控制模块间线路断路、车身控制模块线束与车身控制模块接触不良、车身控制模块故障等。

4. 电路检测与故障排除

根据分析结果,对车身控制模块或元器件进行检测,如果确定元器件损坏,则需更换,可根据维修手册拆装方法进行操作。

1)电路检测流程

(1)关闭点火开关,断开 KR11B 风窗玻璃刮水器继电器,如图 11-4 所示。

(2)测试继电器搭铁电路端子 85 和搭铁之间的电阻是否小于 10Ω,如图 11-5 所示。如果等于或大于 10Ω,关闭点火开关,测试搭铁电路端子 85 和蓄电池负极端对端的电阻,如电阻为无穷大,则修理电路中的断路。

图 11-4　KR11B 风窗玻璃刮水器继电器

图 11-5　测试端子 85 和搭铁之间电阻

(3)如果小于 10Ω,在继电器控制电路端子 86 和搭铁电路端子 85 对应熔断丝盒插接口之间连接试灯;打开点火开关,用故障诊断仪指令刮水器打开时,确认试灯点亮;用故障诊断仪指令刮水器关闭时,确认试灯熄灭,如图 11-6 所示。

(4)如试灯始终熄灭,关闭点火开关,断开 K9 车身控制模块的线束连接器。

(5)测试继电器控制电路端子 86 对应熔断丝盒插接口和搭铁之间的电阻是否为无穷

大。如果电阻不为无穷大,则修理电路上的对搭铁短路故障。

(6)如果电阻为无穷大,测试继电器控制电路端子86对应熔断丝盒插接口与K9车身控制模块的线束连接器端对端电阻是否小于2Ω,如图11-7所示。如果电阻为无穷大,则修理电路中的断路。如果小于2Ω,则更换K9车身控制模块。

图11-6 端子86和85之间连接测试灯

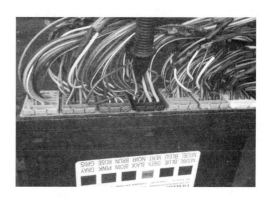

图11-7 测试控制电路端对端电阻

(7)如果试灯始终点亮,关闭点火开关,拆下试灯,断开K9车身控制模块的线束连接器。

(8)打开点火开关,测试继电器控制电路端子86对应熔断丝盒插接口和搭铁之间的电压是否低于1V。如果等于或大于1V,则修理电路上的线路短路;如果低于1V,则更换K9车身控制模块。

(9)如果试灯随故障诊断仪指令,刮水器打开时试灯点亮,刮水器关闭时试灯熄灭,测试或更换KR11B风窗玻璃刮水器继电器。

2)继电器检测

(1)关闭点火开关,断开相应继电器;风窗玻璃刮水器继电器插脚如图11-8所示。

(2)测试继电器端子85和86之间的电阻是否为60~200Ω,如图11-9所示;如果小于60Ω或大于200Ω,则更换继电器。

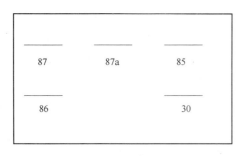

图11-8 风窗玻璃刮水器继电器插脚图

图11-9 测试端子85和86之间电阻

(3)如果在60~200Ω,测量下列端子之间的电阻是否为无穷大:端子30和86、30和87、30和85、85和87;如果电阻不为无穷大,则更换继电器。

（4）如果电阻为无穷大，测试端子 30 和 87a 之间的电阻是否小于 5Ω，如图 11-10 所示；如果等于或大于 5Ω，则更换继电器。

（5）如果小于 5Ω，在继电器端子 85 和蓄电池正极之间安装一条跨接线；在继电器端子 86 和搭铁之间安装一条跨接线；测试端子 30 和 87 之间的电阻是否小于 5Ω；如果等于或大于 5Ω，则更换继电器，如图 11-11 所示。

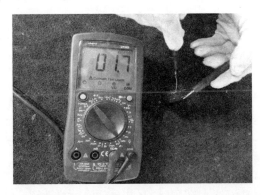

图 11-10　测试端子 30 和 87a 之间电阻

图 11-11　测试端子 30 和 87 之间电阻

（6）如果小于 5Ω，继电器正常。

5. 故障排除效果验证并清码

故障排除后，通过操控开关，确认故障排除效果，如果电路故障未排完，则继续排除。如故障已经排除则清除故障码，并检查风窗刮水系统各挡位是否正常，如果不正常，则重新检查。

6. 实践操作作业单

风窗刮水系统电路检修学生作业单见表 11-3。

风窗刮水系统电路检修学生作业单　　　　表 11-3

步骤	内容	完成情况	
1. 实践操作前安全、设备检查	—	□完成	□未完成
	—	□完成	□未完成
	—	□完成	□未完成
	—	□完成	□未完成
2. 确认现象	故障现象描述	□完成	□未完成
3. 读取故障码或数据流	故障码	□完成	□未完成
	故障码含义	□完成	□未完成
	读取相关数据流	□完成	□未完成
4. 根据故障码、数据流、电路图小组讨论	分析可能的故障原因	□完成	□未完成
5. 确定诊断思路	确定检查顺序	□完成	□未完成

续上表

步骤	内 容		完成情况
6.你认为有故障的部位检查及测量记录	可能故障部位	可能故障部位的检查记录	□完成　□未完成
7.故障点确认及排除	故障点确认：		□完成　□未完成
	故障点排除方法说明：		□完成　□未完成
	清除故障码		□已清除　□未清除
	验证故障是否排除		□已排除　□未排除

七 评分标准

实训评分表见表11-4。

实训评分表　　　　　　　　　　　　　　　表11-4

序号	考核项目		配分	评分标准	得分
1	作业车辆安全检查		15	未检查或检查不到位扣5分	
2	检查工量具、仪器		5	未检查扣5分	
3	安装三件套		5	未安装扣5分,安装不到位扣3分	
4	各项目检查	电路检测	15	检测方法不正确或不全面每次扣2分,	
		元件检测	15	检测方法不正确或不全面每次扣2分	
		作业单记录	10	检测结果不正确或记录不正确每次扣2分	
		结论	5	结论不正确扣5分	
		工量具、仪器使用情况	10	使用不当或错误每次扣2分,扣完为止	
5	团队协作		5	酌情扣分	
6	收拾工量具		5	未收拾扣5分	
7	车辆恢复		5	未恢复扣5分	
8	5S管理		5	酌情扣分	
9	遵守相关安全规范			因违规操作造成人员和设备事故的,总分按0分计	
	分数合计		100		

实训12　电动车窗系统拆装

一 实训目标

（1）掌握正确使用拆装工具的方法。

(2)掌握正确拆装电动车窗系统组件的方法。
(3)熟悉电动车窗各零件的名称、位置、结构和作用。

二 实训内容

1. 电动车窗的组成

电动车窗主要由车窗玻璃、玻璃升降器、直流电动机、继电器、开关(主控开关、分控开关)等组成。其在车上的布置如图12-1所示。

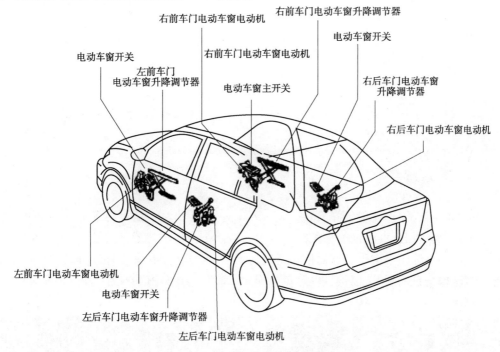

图12-1 电动车窗部件在车上的布置

1)玻璃升降器

玻璃升降是把电动机的旋转运动变为车窗的上下移动。常见的玻璃升降器有钢丝滚筒式、交叉传动臂式。钢丝滚筒式多采用齿扇式传动,交叉传动臂式多采用齿条式传动。

齿条式玻璃升降器如图12-2所示。升降器采用柔性齿条和小齿轮结构。当电动机转动时,通过蜗轮蜗杆减速机构将动力传给小齿轮,小齿轮使齿条移动,齿条通过拉绳带动门窗玻璃升降。

2)电动机

电动车窗使用双向直流电动机,有永磁式和双绕组串励线绕式两种,现在基本上使用永磁式。每个车窗装有一个电动机,通过开关控制电流的流动方向,使电动机正、反转,从而使车窗玻璃上升或下降。电动机的结构控制原理简图如图12-3所示。

电动机内的传动装置是一种自锁蜗轮蜗杆结构,可防止自行打开或强力开启。与传动装置一体化的缓冲器,在车窗移到极限位置时,起到良好的缓冲特性。

3)控制开关

电动车窗控制系统都装有两套控制开关,如图 12-4、图 12-5 所示。一套装在仪表板或驾驶人侧车门扶手上,为主开关,由驾驶人操作,可控制每个车窗的升降,另一套分别装在每个乘客门上,为分开关,可单独控制一个车窗,由乘客进行操作。大多数汽车在总开关中装有闭锁开关,当它断开时,乘客不能控制车窗升降。

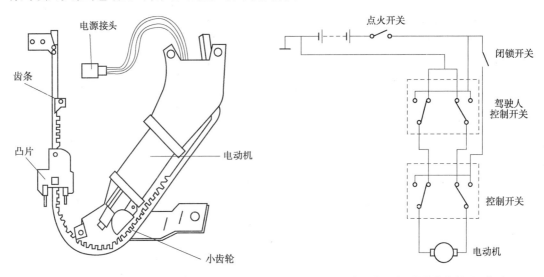

图 12-2　齿条式玻璃升降器　　　　　图 12-3　永磁式电动机的结构控制原理简图

为防止电路过载,在电动门窗控制电路中安装一个或多个热敏断路器,有的装在电动机内。当车窗完全关闭或由于结冰而使车窗玻璃不能自由运动时,即使操纵的开关没有断开,热敏断路器也会自动断开,以保护电路免受损失。断路器还具有防夹功能,防止关闭车窗时夹住人身体。

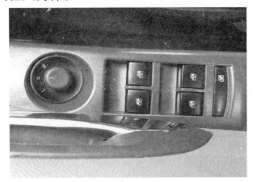 

图 12-4　雪佛兰科鲁兹轿车电动车窗主控开关　　　图 12-5　雪佛兰科鲁兹轿车电动车窗分控开关

2. 实训任务

按照维修手册的规范要求对电动车窗系统各个部件和总成进行拆装,通过拆装去观察和认识电动车窗系统的构成和基本工作原理。

三　实训器材

(1)举升工位 5 个。

(2)实训车辆5辆。
(3)车辆防护三件套5套。
(4)常用汽车维修工具5套。

四 实训要求与注意事项

(1)在操作开始前,检查所有的设备并备齐工具。
(2)安装车轮挡块时,可以用举升机顶起部分车轮。
(3)三件套和翼子板布、前格栅布的安装方法要正确。
(4)实训过程要符合车辆维修的操作规程。

五 教学组织

1. 教学组织形式

本课程为理实一体化实践课程,小组分工合作。信息化技术的引入与使用,改善教学环境、教学载体、教学方式,提高教学效率。

2. 实训教师职责

使用课件、实训指导书、微课、实训范例、操作规范、试题库等信息化教学手段,讲解实训任务的操作步骤和相关注意事项,对关键环节进行有效示范,课中组织学生进行分组事项,巡视、检查、指导和纠正学生操作中的错误,做好课堂总结,组织学生做好5S管理。

3. 学生职责

小组成员与他人合作,对疑惑问题进行交流探究,按规范进行操作,完成必要解释和说明。组长负责,以先进带动后进,组员之间相互学习、相互帮助、相互指正。

六 操作步骤

1. 前侧门车窗调整

调整程序,根据图12-6所示结构进行。
(1)拆下前侧门饰板、挡水板。
(2)以力矩10N·m拆卸前侧门车窗玻璃升降器2个窗框螺母。
(3)拆卸前侧门车窗。
①拧松车窗玻璃升降器窗框螺母。
②连接车门装饰板线束连接器。
③起动车辆,以确保向车窗电动机提供最大动力。
④使用电动车窗开关,使车窗上升至最上端位置。
⑤拧紧前侧门车窗玻璃升降器窗框螺母。
⑥检查车窗动作是否正确,密封是否良好;停止车辆。

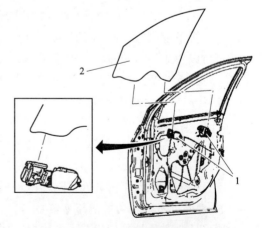

图12-6 前侧门车窗组件
1-前侧门车窗玻璃升降器窗框螺母;2-前侧门车窗

2. 前侧门车窗更换

拆卸程序，根据图 12-6 所示结构进行。

(1)将车窗置于车门大约一半处位置。

(2)拆下前侧门挡水板、车窗外密封条。

(3)以力矩 9N·m 拆卸前侧门车窗玻璃升降器窗框 2 个螺母。

(4)拆卸前侧门车窗。

①松开车窗玻璃升降器窗框螺母，向上拉起以便从窗框上松开车窗玻璃。

②旋转前门车窗以便将其从车门上拆下。

3. 前侧门车窗玻璃升降器的更换

拆卸程序，根据图 12-7 所示结构进行。

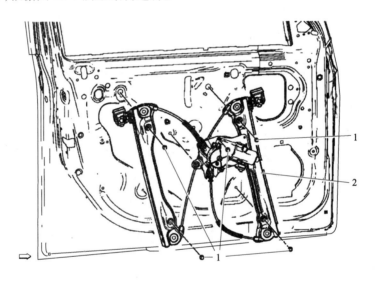

图 12-7　前侧门车窗玻璃升降器

1-前侧门车窗玻璃升降器螺钉；2-前侧门车窗玻璃升降器总成

(1)拆下前侧门车窗。按照以上内容"前侧门车窗的更换"进行。

(2)以力矩 9N·m 拆下前侧门车窗玻璃升降器 5 个螺钉。

(3)拆下前侧门车窗玻璃升降器总成。

4. 前侧门车窗玻璃升降器电动机的更换

拆卸程序，根据图 12-8 所示结构进行。

(1)拆下前侧门车窗玻璃升降器。按照以上内容"前侧门车窗玻璃升降器的更换"进行。

(2)以力矩 9N·m 拆卸前侧门车窗玻璃升降器电动机 3 个螺钉。

(3)拆卸前侧门车窗玻璃升降器电动机总成。

5. 前侧门车窗挡风雨条的更换

拆卸程序，根据图 12-9 所示结构进行。

(1)拆下外部后视镜。

(2)拆下前侧门车窗后盖。

(3)拆下前侧门车窗。按照以上内容"前侧门车窗的更换"进行。

(4)前侧门车窗挡风雨条,将前门车窗挡风雨条从外窗框凸缘拉出,以将其拆下。

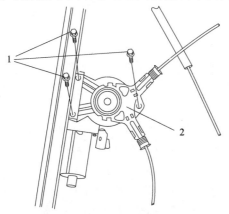

图12-8 前侧门车窗玻璃升降器电动机
1-前侧门车窗玻璃升降器电动机螺钉;2-前侧门车窗玻璃升降器电动机总成

图12-9 前侧门车窗挡风雨条的更换
1-前侧门车窗挡风雨条

6.实践操作作业单

维修人员操作、安全评价表见表12-1。

维修人员操作、安全评价表　　　　　表12-1

维修作业员工姓名:＿＿＿＿＿＿　　日期:＿＿＿＿＿＿＿

故障情况:＿＿＿＿＿＿＿＿＿　　更换配件情况:＿＿＿＿＿＿

1.正确摆放工具 □	
2.安全操作穿戴: 工作服穿戴整齐 □　不穿拖鞋 □　不带入食品 □　不乱扔垃圾 □	
3.操作集中精神 □　不说笑、打闹 □	
4.详细检查所用工具、设备 □　发现损坏、不安全因素,及时上报解决 □	
5.检查周围环境有无障碍物、危险物 □　工作时照顾左邻右舍,不妨碍他人工作安全 □	
6.拆装零部件:不大力蛮干,不用硬物或手锤直接敲击零件 □ 零件按要求顺序摆放整齐,不随地堆放 □	
7.正确调整前侧门车窗 □	误操作部位
8.正确拆卸前侧门车窗 □	误操作部位
9.正确拆卸前侧门车窗玻璃升降器 □	误操作部位
10.正确拆卸前侧门车窗玻璃升降器电动机 □	误操作部位
11.正确拆卸前侧门车窗挡风雨条 □	误操作部位
12.整齐摆放工具 □	
13.无损坏、遗失工具和零件 □	
14.清洁工作场地:工作场所 □　车辆旁 □　工作台 □　通道整洁 □	
评价结果:	

七 评分标准

实训评分表见表12-2。

实训评分表　　　　　　　　　　　　表12-2

序号	考核项目		配分	评分标准	得分
1	作业车辆安全检查		10	未检查或检查不到位扣5分	
2	检查工量具、仪器		5	未检查扣5分	
3	安装三件套		5	未安装扣5分,安装不到位扣3分	
4	各项目拆装	元件拆卸	15	拆卸方法不正确或不全面每次扣2分,	
		元件安装	15	安装方法不正确或不全面每次扣2分	
		作业单记录	10	检测结果不正确或记录不正确每次扣2分	
		结论	5	结论不正确扣5分	
		工量具、仪器使用情况	10	使用不当或错误每次扣2分,扣完为止	
5	团队协作		5	酌情扣分	
6	收拾工量具		5	未收拾扣5分	
7	车辆恢复		5	未恢复扣5分	
8	5S管理		5	酌情扣分	
9	遵守相关安全规范			因违规操作造成人员和设备事故的,总分按0分计	

实训13　电动车窗系统电路检修

一 实训目标

(1)能确认电动车窗系统故障现象。
(2)能根据故障现象分析故障原因。
(3)能熟练使用常用工具对电路进行检测。
(4)会电动车窗系统的检测、故障诊断与排除。

二 实训内容

1. 雪佛兰科鲁兹1.6L轿车电动车窗功能

1)驾驶人侧上升和快速下降车窗功能

在执行快速上升功能时,驾驶人车门包含的智能车窗,电动机将检测是否电阻过大并自动反转方向以避免乘客夹在正在关闭的车窗和门框之间造成伤害。通过拉起和按住车窗开关可以控制自动反向安全功能。

2)所有车门带快速下降车窗功能

对于驾驶人侧、乘客侧、右后和左后车门,车窗开关按至下降位置时,蓄电池正极电压施加至各自的车窗电动机控制电路,搭铁则施加至其他车窗电动机控制电路使得车窗打开。

单个车窗开关拉至上升位置时,相反方向的电压和搭铁提供至车窗电动机,使得该车窗关闭。当驾驶人想要控制乘客侧、左后或右后车窗时,驾驶人将使用驾驶人侧车窗开关的相应开关,指令车窗按要求的方向移动。

3)锁止开关功能

驾驶人侧电动车窗开关包含一个车窗锁止开关,当驾驶人按下车窗锁止开关时,向车身控制模块发送串行数据信息,该模块将向后窗开关发送停用指令,将开关停用。从驾驶人侧车窗开关上的开关操作,后车窗仍将正常工作。

2. 电动车窗系统电路常见故障诊断与排除

汽车电动车窗系统故障主要表现为电路器件本身的故障和电路故障,故障现象表现如下:

(1)车窗不工作。原因主要有车窗电动机损坏、车身模块损坏、熔断丝熔断、车窗开关、电路短路或断路故障及控制器故障等。在进行故障诊断时,应根据故障码或电路图对电路进行分析检查,判断出故障的部位。

(2)检查时,首先检查蓄电池和发电机的工作状态。若不符合要求,应先恢复电源系统的正常工作电压,在电源正常的状态下,检查电路的连接情况、控制器及电动机是否良好。

三 实训器材

(1)举升工位 5 个。
(2)实训车辆 5 辆。
(3)车辆防护三件套 5 套。
(4)常用汽车拆装工具 5 套。
(5)KT600 检测仪、万用表、试灯各 5 套。

四 实训要求与注意事项

(1)在实践操作前,配齐所需工具,确保车辆放置安全位置,检查驻车制动器、空挡位置是否到位。
(2)安装车轮挡块到位,三件套和翼子板布、前格栅布的安装方法要正确。
(3)实训过程要符合车辆维修的操作规程。
(4)正确使用电路检修工量具。

五 教学组织

1. 教学组织形式

本课程为理实一体化实践课程,小组分工合作。信息化技术的引入与使用,改善教学环境、教学载体、教学方式,提高教学效率。

2. 实训教师职责

使用课件、实训指导书、微课、实训范例、操作规范、试题库等信息化教学手段,讲解实训任务的操作步骤和相关注意事项,对关键环节进行有效示范,课中组织学生进行分组事项,巡视、检查、指导和纠正学生操作中的错误,做好课堂总结,组织学生做好5S管理。

3. 学生职责

职场角色扮演式实物练习,角色扮演完成"自身职责"。与他人合作,对疑惑问题进行交流探究,按规范进行操作,完成必要解释和说明,阐述故障原因。

六 操作步骤

(一)风窗刮水系统电路故障诊断与排除

以雪佛兰科鲁兹1.6L轿车电动车窗电路检修为例,对电路检修实训内容过程进行说明。

案例:一辆雪佛兰科鲁兹1.6L轿车,行驶里程3万km,电动车窗系统驾驶人侧不工作。

1. 确认故障现象

通过开启电动车窗系统各挡位开关,检查其工作状态,检查内容见表13-1。

电动车窗工作状态检查项目　　　　　　　　　　表13-1

序号	检查项目	检查结果	结论	故障现象描述
1	驾驶人侧玻璃升降			
2	乘客侧玻璃升降			
3	左后侧玻璃升降			
4	左后侧玻璃升降			

2. 读取故障码或数据流

使用KT600检测仪读取故障码或相关的数据流。根据故障码分析电路图,确定故障范围,并对相关的电路和元件进行检测,确定故障原因。没有故障码或数据流存储功能的系统,则直接分析电路图,确定故障范围。读取故障码可查询维修手册了解其含义和诊断思路。本案例中故障码读取结果见表13-2。

故障码和数据流读取结果　　　　　　　　　　表13-2

检测项目	读取结果
故障码及含义	故障码为B3205,故障码含义是:驾驶人侧电动机电路

3. 分析电动车窗系统电路图

电动车窗系统控制电路图,如图13-1所示。其电路主要由驾驶人侧车窗开关、乘客侧车窗开关、左后车窗开关、右后车窗开关、各车门的车窗电动机、F24UA 30A 熔断丝、F55UA 7.5A 熔断丝、F21UA 7.5A 熔断丝、车身控制模块K9(BCM)及导线等组成。

1)电动车窗系统电路原理

当驾驶人使用车窗开关,驾驶人侧车窗电动机为驾驶人侧车窗开关施加12V信号,开关关闭时向相应的信号电路提供搭铁,电压下降至0V。驾驶人侧车窗电动机将检测信号电路中的压降,然后指令车窗向需要的方向移动。驾驶人侧车窗电动机主控制开关还包含乘客、左后和右后车窗功能的控制开关。当按下车窗开关后,一个数据信息将发送至车身控制模块(BCM)。车身控制模块将向相应的乘客侧车窗或后车窗开关发送信息以按照请求执行指令。

车窗电动机电路检测 B+电压上升、下降和快速信号电路。按动驾驶人侧车窗开关,触点闭合相应信号电路电压下降。驾驶人侧车窗电动机检测电压下降并指令车窗玻璃按要求的方向移动。各车窗开关通过数据电路与车身控制模块通信。当驾驶人控制乘客侧、左后或右后车窗时,使用驾驶人侧车窗开关,使车窗电动机数据信息发送至BCM,车身控制模块向车窗开关发送数据信息,使车窗按要求移动。

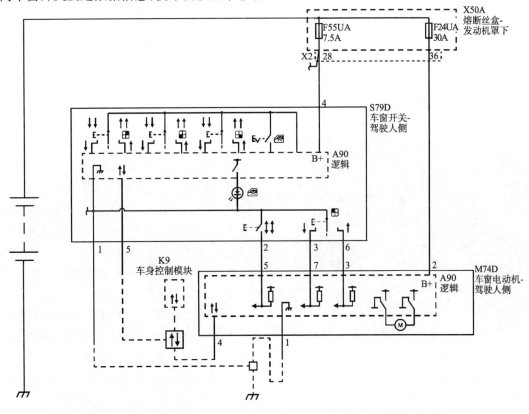

图 13-1 雪佛兰科鲁兹1.6LDE自动挡轿车电动车窗驾驶人车门系统控制电路图

2）本案例电路分析

本案例中,根据故障码或数据流,结合电路图分析,初步分析可能的故障原因为搭铁开路、B+电路开路、熔断丝损坏、驾驶人侧车窗电动机损坏、插接器接触不良、车身控制模块间线路断路、车身控制模块线束与车身控制模块接触不良、车身控制模块K9故障等。

4. 电路检测与故障排除

根据分析结果,对车身控制模块或元件进行检测,如果确定元件损坏,则需更换,可根据维修手册拆装方法进行操作。电路检测流程如下：

（1）关闭点火开关,断开 M74D 驾驶人侧车窗电动机的线束连接器,如图13-2所示,端

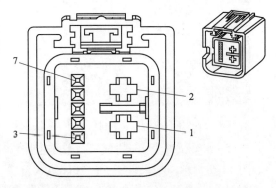

图 13-2 M74D 驾驶人侧车窗电动机的线束连接器端子

子各针脚信息见表13-3。

M74D 驾驶人侧车窗电动机线束连接器端子各针脚信息　　　表13-3

针脚	导线	电路	功能
1	2.5 黑色	50	搭铁
2	2.5 红色/深绿色	40	蓄电池正极电压
3	0.5 深绿色/白色	3379	驾驶人侧电动车窗开关上升信号
4	0.5 深绿色/黄色	6134	线性互联网总线3
5	0.5 深绿色	3381	驾驶人侧电动车窗开关快速信号
6	0.5 灰色	6745	左前车门微开开关信号
7	0.5 灰色	3380	驾驶人侧电动车窗开关下降信号

（2）测试搭铁电路端子1黑色线和搭铁之间的电阻是否小于10Ω，如图13-3所示。如果大于10Ω，关闭点火开关，测试搭铁线对蓄电池负极的电阻是否小于2Ω，如果为无穷大，则修理搭铁线对蓄电池负极电路中的断路。

（3）如果小于10Ω，打开点火开关；使用试灯两端连接B+电路端子2红绿色线和搭铁，观察试灯是否点亮，如图13-4所示。如果试灯不亮，关闭点火开关，测试B+电路端子2红绿色线与门板间电路插接器端对端的电阻是否小于2Ω，如果为无穷大，则修理电路的断路；如果小于2Ω，则确认熔断丝未熔断且熔断丝有电压。

图13-3　测试端子1和搭铁之间电阻

（4）如果试灯未点亮且电路熔断丝熔断，关闭点火开关，测试B+电路端子2红绿色线和搭铁之间的电阻是否为无穷大，如图13-5所示。如电阻不为无穷大，则修理电路上的对搭铁短路故障。如果电阻为无穷大，更换M74D驾驶人侧车窗电动机。

图13-4　测试B+电路端子2和搭铁之间测试灯点亮　　　图13-5　测试B+电路和搭铁之间电阻

（5）如果试灯点亮，测试串行数据电路端子4绿黄色线和搭铁之间电压是否为5~10V，如图13-6所示。如果低于5V，关闭点火开关，断开K9车身控制模块的线束连接器，测试串行数据电路端子4绿黄色线和搭铁之间的电阻是否为无穷大，如图13-7所示。如电阻不为无穷大，则修理电路上的对搭铁短路故障。

图 13-6　测试串行数据端子 4 和搭铁之间电压　　　图 13-7　测试串行数据电路和搭铁之间电阻

（6）如电阻为无穷大，测试串行数据电路端子 4 绿黄色线与门板间电路插接器端对端的电阻是否小于 2Ω，如图 13-8 所示。如等于或大于 2Ω，则修理电路上的短路；如小于 2Ω，更换 K9 车身控制模块。

（7）如高于 10V，关闭点火开关，断开 K9 车身控制模块的线束连接器，再打开点火开关，测试串行数据电路端子 4 绿黄色和搭铁之间的电压是否低于 1V，如图 13-9 所示。如等于或大于 1V，则修理电路中的线路短路。如果低于 1V，则更换 K9 车身控制模块。

图 13-8　测试串行数据电路端对端电阻　　　图 13-9　测试串行数据端子 4 和搭铁之间电压

（8）如果在 5～10V 之间，测试或更换 M74D 驾驶人侧车窗电动机。

5. 故障排除效果验证并清码

故障排除后，通过操控开关，确认故障排除效果，如电路故障未排完，则继续排除。如故障已经排除则清除故障码，并检查电动车窗系统驾驶人侧是否正常，如果不正常则重新检查。

6. 实践操作作业单

电动车窗系统电路检修学生作业单见表 13-4。

电动车窗系统电路检修学生作业单　　　　表 13-4

步　骤	内　容	完成情况
1. 实践操作前安全、设备检查	—	□完成　□未完成
	—	□完成　□未完成
	—	□完成　□未完成
	—	□完成　□未完成

续上表

步 骤	内 容		完成情况	
2.确认现象	故障现象描述		□完成	□未完成
3.读取故障码或数据流	故障码		□完成	□未完成
	故障码含义		□完成	□未完成
	读取相关数据流		□完成	□未完成
4.根据故障码、数据流、电路图小组讨论	分析可能的故障原因		□完成	□未完成
5.确定诊断思路	确定检查顺序		□完成	□未完成
6.你认为有故障的部位检查及测量记录	可能故障部位	可能故障部位的检查记录	□完成	□未完成
7.故障点确认及排除	故障点确认：		□完成	□未完成
	故障点排除方法说明：		□完成	□未完成
	清除故障码		□已清除	□未清除
	验证故障是否排除		□已排除	□未排除

七 评分标准

实训评分表见表 13-5。

实 训 评 分 表　　　　表 13-5

序号	考核项目		配分	评分标准	得分
1	作业车辆安全检查		15	未检查或检查不到位扣 5 分	
2	检查工量具、仪器		5	未检查扣 5 分	
3	安装三件套		5	未安装扣 5 分，安装不到位扣 3 分	
4	各项目检查	电路检测	15	检测方法不正确或不全面每次扣 2 分，	
		元件检测	15	检测方法不正确或不全面每次扣 2 分	
		作业单记录	10	检测结果不正确或记录不正确每次扣 2 分	
		结论	5	结论不正确扣 5 分	
		工量具、仪器使用情况	10	使用不当或错误每次扣 2 分，扣完为止	
5	团队协作		5	酌情扣分	
6	收拾工量具		5	未收拾扣 5 分	
7	车辆恢复		5	未恢复扣 5 分	
8	5S 管理		5	酌情扣分	
9	遵守相关安全规范			因违规操作造成人员和设备事故的，总分按 0 分计	
	分数合计		100		

实训 14　电动后视镜拆装

实训目标

（1）能认识电动后视镜结构基本组成、安装位置。
（2）能熟练掌握电动后视镜拆装步骤。
（3）会正确使用工具拆装电动后视镜。

实训内容

1. 认识电动后视镜的结构基本组成

电动后视镜一般由镜片、电动机、驱动机构及控制开关等组成。如图 14-1 所示，在左右两个后视镜镜片的背后都有两套永磁式电动机和驱动机构。其中一套控制后视镜的左右运动，另一套控制后视镜的上下运动。后视镜的运动方向由操纵开关控制，当控制开关处于不同的位置时，流经电动机的电流方向以及电动机的转动方向就不同，从而改变后视镜的运动方向。

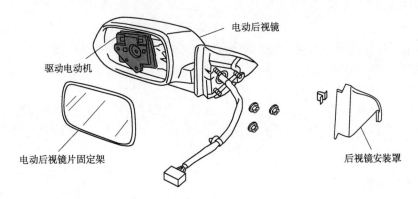

图 14-1　电动后视镜的结构基本组成

2. 车外后视镜的拆装更换

电动后视镜系统由以下部件组成：车外后视镜开关、后视镜选择开关、驾驶人侧车外后视镜、乘客侧车外后视镜。对电动后视镜系统进行检修或更换时，可根据维修手册进行。拆装更换项目包括：

（1）外部后视镜的拆装与更换。
（2）外后视镜壳体盖板的拆装与更换。
（3）车外遥控后视镜开关的拆装与更换。
（4）外部后视镜内执行器的拆装与更换。
（5）车外后视镜镜片的拆装与更换。
（6）车外后视镜壳体的拆装与更换。

三 实训器材

(1)实训车辆 5 辆。
(2)车辆防护三件套 5 套。
(3)常用汽车拆装工具 5 套。

四 实训要求

(1)在实践操作前,配齐所需工具,确保车辆放置安全位置,检查驻车制动器、空挡位置是否到位。
(2)安装车轮挡块到位,三件套和翼子板布、前格栅布的安装方法要正确。
(3)实训过程要符合车辆维修的操作规程。
(4)正确使用工量具。

五 教学组织

1. 教学模式和方法

教学模式运用翻转课堂+理实一体化教学,在课前准备电气系统拆装、更换视频、作业单等,在课中采用任务驱动法、讨论法、情境教学法等方法进行教学。

2. 教学组织

实行小班化教学,实训人数不超过 30 人,实行分组教学,教师 1 名。教学过程以学生为中心,以学生实践作业单引导学生按照步骤要求对后视镜进行拆装与更换,教师指导学生操作并监控整个教学过程的课堂管理。

3. 教学实施过程

以培养学生职业习惯、职业素养为目标,强调安全生产,提醒学生安全规范操作,检查、指导和纠正学生操作中出现的不规范操作,组织学生分享学习成果,并对学生操作过程进行评价。

六 实训步骤

(一)电动后视镜系统的认识

以雪佛兰科鲁兹 1.6LDE 自动挡轿车电动后视镜系统为例,熟悉车上电动后视镜系统组成、安装位置和操控方式,见表 14-1。

认识科鲁兹轿车电动后视镜系统   表 14-1

序号	检查项目	安装位置	开关位置	开关操控状态	完成状态
1	驾驶人侧后视镜			□会 □不会	□完成 □未完成
2	乘客侧后视镜			□会 □不会	□完成 □未完成

(二)车外后视镜拆装与更换

下面将以雪佛兰科鲁兹 1.6LDE 轿车电动后视镜系统为例,对电动后视镜系统拆装与更换实训内容过程进行说明。

1. 外部后视镜的拆装更换

实训步骤：

(1) 拆下前侧门上装饰盖。

(2) 拆下车外后视镜安装板螺栓，如图14-2所示。

(3) 断开电气连接器。

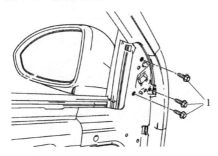

图14-2 拆下车外后视镜安装板螺栓

1-螺栓

2. 外后视镜壳体盖板的拆装与更换

实训步骤：

(1) 使用塑料撬具，将工具插入壳体盖和镜体之间的顶部和底部，如图14-3所示。

(2) 小心在顶部和底部间同等撬动，朝车辆前方松开壳体。

(3) 通过朝车辆后方向壳体盖施加压力，将壳体盖安装到镜体上，直到固定器啮合。

3. 外部后视镜内执行器的拆装与更换

实训步骤：

(1) 拆下车外后视镜镜片。

(2) 拆卸车外后视镜内执行器螺栓。

(3) 断开电气连接器，更换车外后视镜内执行器，如图14-4所示。

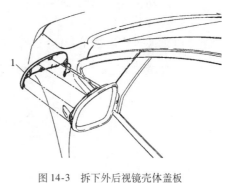

图14-3 拆下外后视镜壳体盖板

1-外后视镜壳体盖板

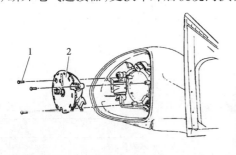

图14-4 外部后视镜内执行器结构图

1-车外后视镜内执行器螺栓；2-车外后视镜内执行器

4. 车外后视镜镜片的拆装与更换

实训步骤：

(1) 向外拉后视镜玻璃衬板，将其从后视镜壳体上松开。

(2) 断开电气连接器(如装备)。

(3) 更换车外后视镜镜片，如图 14-5 所示。

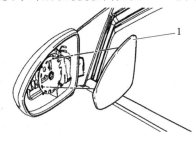

图 14-5　车外后视镜镜片位置图
1-车外后视镜镜片

5. 车外后视镜壳体的拆装与更换

实训步骤：

(1) 拆下车外后视镜镜片。

(2) 拆卸车外后视镜壳体螺钉。

(3) 拆卸车外后视镜下壳螺钉。

(4) 更换车外后视镜壳体，如图 14-6。

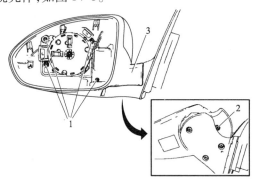

图 14-6　车外后视镜壳体结构图
1-车外后视镜壳体螺钉；2-车外后视镜下壳螺钉；3-车外后视镜壳体

七　评分标准

实训评分表见表 14-2。

实训评分表　　　　　　　　表 14-2

序号	考核项目	配分	评分标准	得分
1	作业车辆安全检查	10	未检查或检查不到位扣 5 分	
2	检查工量具、仪器	5	未检查扣 5 分	
3	安装三件套	5	未安装扣 5 分，安装不到位扣 3 分	

续上表

序号	考核项目		配分	评分标准	得分
4	各项目检查	工具选取	10	工具选取不正确或不全每次扣2分	
		拆装步骤	20	步骤错误或不完全正确每次扣2分	
		操作规范	20	操作错误或操作不规范每次扣2分	
		工量具、仪器使用情况	10	使用不当或错误每次扣2分,扣完为止	
5	团队协作		5	酌情扣分	
6	收拾工量具		5	未收拾扣5分	
7	车辆恢复		5	未恢复扣5分	
8	5S管理		5	酌情扣分	
9	遵守相关安全规范			因违规操作造成人员和设备事故的,总分按0分计	
	分数合计		100		

实训15　电动后视镜系统电路检修

一　实训目标

（1）能确认电动后视镜系统故障现象。
（2）能根据故障现象分析故障原因。
（3）能熟练使用常用工具对电路进行检测。
（4）会电动后视镜系统的检测、故障诊断与排除。

二　实训内容

1.熟悉电动后视镜系统的安装位置

汽车上的电动后视镜系统包括驾驶人侧后视镜和乘客侧后视镜,安装位置如图15-1所示。后视镜用来反映车辆后方、侧方和下方的情况,使驾驶人的视野更广阔。驾驶人调整外后视镜的位置比较困难,特别是乘客一侧的,而使用电动后视镜就能很方便地解决这个问题。

2.电动后视镜系统的调整检测

电动后视镜开关根据后视镜选择开关的位置和选择的移动位置来控制电动后视镜。电动后视镜开关有4个位置:上、下、左、右。选定移动位置开关后,可对后视镜镜面位置进行调整。

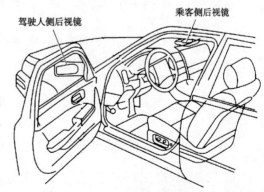

图15-1　电动后视镜系统

3.电动后视镜系统电路常见故障诊断与排除

汽车电动后视镜系统的故障主要表现在:电路器件本身的故障和电路故障,其故障现象具体表现如下:电动后视镜都不工作;电动后视镜部分功能不正常。

三 实训器材

(1)实训车辆5辆。
(2)车辆防护三件套5套。
(3)常用汽车拆装工具5套。
(4)万用表、试灯各5套。

四 实训要求

(1)在实践操作前,配齐所需工具,确保车辆放置安全位置,检查驻车制动器、空挡位置是否到位。
(2)安装车轮挡块到位,三件套和翼子板布、前格栅布的安装方法要正确。
(3)实训过程要符合车辆维修的操作规程。
(4)正确使用电路检修工量具。

五 教学组织

1. 教学模式和方法

教学模式运用翻转课堂+理实一体化教学,在课前准备故障电路分析视频、作业单等,在课中采用任务驱动法、讨论法、情境教学法等方法进行教学。

2. 教学组织

实行小班化教学,实训人数不超过30人,实行分组教学,教师1名。教学过程以学生为中心,以学生实践作业单引导学生对问题进行分析、检测并解决问题,即完成故障诊断与排除。教师指导学生操作并监控整个教学过程的课堂管理。

3. 教学实施过程

以培养学生职业习惯、职业素养为目标,强调安全生产,提醒学生安全规范操作,检查、指导和纠正学生操作中出现的不规范操作,组织学生分享学习成果,并对学生操作过程进行评价。

六 实训步骤

(一)电动后视镜系统的认识

以雪佛兰科鲁兹1.6LDE自动挡轿车电动后视镜系统为例,熟悉车上电动后视镜系统组成、安装位置和操控方式,见表15-1。

认识电动后视镜系统 表15-1

序号	检查项目	安装位置	开关位置	开关操控状态	完成状态
1	驾驶人侧后视镜调节			□会 □不会	□完成 □未完成
2	乘客侧后视镜调节			□会 □不会	□完成 □未完成

项目四 车身电器

(二)电动后视镜系统电路故障诊断与排除

下面将以雪佛兰科鲁兹1.6LDE自动挡轿车电动后视镜系统控制电路检修为例,对电路检修实训内容过程进行说明。

案例:一辆雪佛兰科鲁兹1.6LDE轿车,行驶里程为3万km,电动后视镜系统不工作。

1. 确认电动后视镜系统故障现象

通过开启后视镜选择开关和选择的移动位置,检查其工作状态,检查内容见表15-2。后视镜开关位于驾驶人侧车门把手上,车窗开关嵌框中。如图15-2所示,该开关可以实现驾驶人侧后视镜或乘客侧后视镜选择及移动位置选择。当开关旋转到L标识位置时,开启左侧驾驶人侧后视镜。当开关旋转到R标识位置时,开启右侧乘客侧后视镜。当开关旋转到O标识位置时,为关闭状态。并且电动后视镜开关有4个移动位置:上、下、左、右。

图15-2 科鲁兹轿车电动后视镜开关安装位置与标识

电动后视镜工作状态检查项目　　表15-2

序号	检查项目	检测结果	结论	备注
1	驾驶人侧后视镜向上调节			
2	驾驶人侧后视镜向下调节			
3	驾驶人侧后视镜向左调节			
4	驾驶人侧后视镜向右调节			
5	乘客侧后视镜向上调节			
6	乘客侧后视镜向下调节			
7	乘客侧后视镜向左调节			
8	乘客侧后视镜向右调节			
故障现象描述				

2. 分析电动后视镜电路图

电动后视镜控制电路图如图15-3所示。其电路主要由熔断丝、开关、电动机执行器及导线等组成。

电动后视镜电路分析如下。

当开启后视镜开关选择驾驶人侧左镜和选择移动位置向上,即左镜向上调节,电流流向:蓄电池B+→电动后视镜熔断丝→电动后视镜开关4号线→接通电动后视镜开关2号线→左镜垂直控制电动机→电动后视镜开关→1号线→搭铁→蓄电池"-"。

左镜向下调节,电流流向:蓄电池B+→电动后视镜熔断丝→电动后视镜开关4号线→接通电动后视镜开关1号线→左镜垂直控制电动机→电动后视镜开关2号线→搭铁→蓄电池"-"。

左镜向左调节,电流流向:蓄电池B+→电动后视镜熔断丝→电动后视镜开关4号线→

接通电动后视镜开关 2 号线→左镜水平控制电动机→电动后视镜开关 3 号线→搭铁蓄电池"-"。

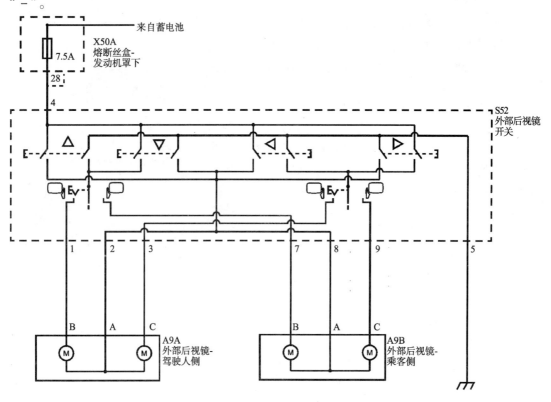

图 15-3 雪佛兰科鲁兹 1.6LDE 自动挡轿车电动后视镜控制电路图

左镜向右调节,电流流向:蓄电池 B+→电动后视镜熔断丝→电动后视镜开关 4 号线→接通电动后视镜开关 3 号线→左镜水平控制电动机→电动后视镜开关 2 号线→搭铁→蓄电池"-"。

乘客侧后视镜,即右镜 4 个移动位置:上、下、左、右调节控制电路的电流回路与左镜控制方式相似,在此不逐一列出。

3. 电路检测与故障排除

结合电路图分析,根据电器故障诊断基本原则,先易后难,先外后里。初步分析可能的故障原因为:电动后视镜熔断丝故障、控制电路故障、开关故障、电动机执行器故障。根据分析结果,对后视镜控制电路或元件进行检测(表 15-3),如果确定元件损坏,则需要更换元件,可根据维修手册拆装方法进行操作。如果是控制电路故障,则修理电路中的开路/电阻过大。

后视镜电路检测 表 15-3

序号	测量项目	检测条件	检测参数
1	电动后视镜熔断丝	打开点火开关	熔断丝电阻应小于 1Ω,否则更换熔断丝
2	电动后视镜开关的线束搭铁	将点火开关置于"OFF(关闭)";断开 S52 电动后视镜开关的线束连接器	测试搭铁电路端子 5 和搭铁之间的电阻应小于 10Ω,否则修理搭铁连接中的开路/电阻过大

续上表

序号	测量项目	检测条件	检测参数
3	电动后视镜开关的线束电源B+电路端子	打开点火开关；断开S52电动后视镜开关的线束连接器	B+电路端子4和搭铁之间的测试灯点亮。否则修理电路中的开路/电阻过大
4	端子1控制电路 端子2控制电路 端子3控制电路 端子7控制电路 端子8控制电路 端子9控制电路和搭铁之间的电阻	将点火开关置于"OFF（关闭）"；断开S52电动后视镜开关的线束连接器	控制电路端子和搭铁之间的电阻应为无穷大，如果电阻不为无穷大，修理电路上的对搭铁短路故障
5	试灯法检测控制电路。在控制电路端子A或控制电路端子B，连接一个测试灯	将点火开关置于"OFF（关闭）"位置，连接S52车外后视镜开关的线束连接器，并断开相应的A9车外后视镜的线束连接器	指令S52车外后视镜开关的向上/向下状态时，确认测试灯点亮。如果在其中一种控制中测试灯点亮，测试或更换车外后视镜内侧执行器。如果在任何一种控制中测试灯未点亮，则进行下一步
6	试灯法检测控制电路。在控制电路端子A或控制电路端子C，连接一个测试灯	将点火开关置于"OFF（关闭）"位置，连接S52车外后视镜开关的线束连接器，并断开相应的A9车外后视镜的线束连接器	指令S52车外后视镜开关的向左/向右状态时，确认测试灯点亮。如果在其中一种控制中测试灯点亮，测试或更换车外后视镜内侧执行器。如果在任何一种控制中测试灯未点亮，则进行下一步
7	电压法检测控制电路	将点火开关置于"OFF（关闭）"位置；断开S52车外后视镜开关的线束连接器	测试各控制电路和搭铁之间的电压是否低于1V。如果等于或大于1V，则修理电路上的对电压短路
8	电阻法检测控制电路	将点火开关置于"OFF（关闭）"位置；断开S52车外后视镜开关的线束连接器，并断开相应的A9车外后视镜的线束连接器	测试各控制电路端到端电阻是否小于2Ω。如果等于或大于2Ω，则修理电路中的开路/电阻过大。如果小于2Ω，则更换S52车外后视镜开关
9	电阻法检测后视镜内执行器	将点火开关置于"OFF（关闭）"位置；断开相应的A9车外后视镜的线束连接器	测试后视镜垂直控制端和水平控制端，电动机电阻应在标准值范围内

4. 实践操作作业单

电动后视镜系统电路检修学生作业单见表15-4。

电动后视镜系统电路检修学生作业单　　　　　表15-4

步　骤	内　容	完成情况	
1.实践操作前安全、设备检查	放置三角木	□完成	□未完成
	安装三件套、翼子板布、前格栅布	□完成	□未完成
	拉紧驻车制动器操纵杆	□完成	□未完成
	置于N挡（或P挡）	□完成	□未完成

续上表

步　骤	内　容		完成情况
2. 确认现象	故障现象描述		☐完成　☐未完成
3. 根据故障现象及电路图小组讨论	分析可能的故障原因		☐完成　☐未完成
4. 确定诊断思路	确定检查顺序		☐完成　☐未完成
5. 你认为有故障的部位检查及测量记录	可能故障部位	可能故障部位的检查记录	☐完成　☐未完成
6. 故障点确认及排除	故障点确认：		☐完成　☐未完成
	故障点排除方法说明：		☐完成　☐未完成
	验证故障是否排除		☐已排除　☐未排除

七　评分标准

实训评分表见表15-5。

实 训 评 分 表　　　　　表15-5

序号	考核项目		配分	评分标准	得分
1	作业车辆安全检查		15	未检查或检查不到位扣5分	
2	检查工量具、仪器		5	未检查扣5分	
3	安装三件套		5	未安装扣5分,安装不到位扣3分	
4	各项目检查	电路检测	15	检测方法不正确或不全面每次扣2分	
		元件检测	15	检测方法不正确或不全面每次扣2分	
		作业单记录	10	检测结果不正确或记录不正确每次扣2分	
		结论	5	结论不正确扣5分	
		工量具、仪器使用情况	10	使用不当或错误每次扣2分,扣完为止	
5	团队协作		5	酌情扣分	
6	收拾工量具		5	未收拾扣5分	
7	车辆恢复		5	未恢复扣5分	
8	5S管理		5	酌情扣分	
9	遵守相关安全规范		因违规操作造成人员和设备事故的,总分按0分计		
	分数合计		100		

实训 16　中控门锁的拆装

一　实训目标

（1）能认识中控门锁结构基本组成、安装位置。
（2）能熟练掌握中控门锁拆装步骤。
（3）会正确使用工具拆装中控门锁。

二　实训内容

1. 熟悉中控门锁的组成及安装位置

中控门锁系统一般包括门锁控制开关、钥匙操纵开关、门锁总成、行李舱开启器及门锁控制器或车身控制模块等。图 16-1 所示为中央门锁控制系统及其组件的安装位置。

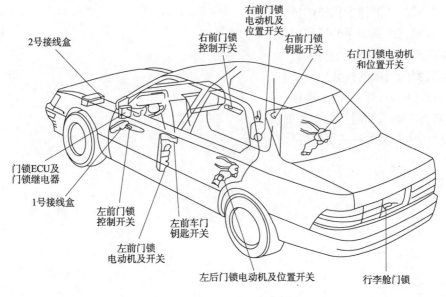

图 16-1　中控门锁各部件的安装位置

门锁控制开关：一般安装在驾驶人侧前门内的扶手上，通过门锁控制开关可以同时锁上和打开所有的车门。

门锁总成：主要由门锁传动机构、门锁位置开关、外壳等组成。

门锁传动机构：主要由门锁电动机、蜗轮蜗杆组等组成。门锁电动机是门锁的执行器，当门锁电动机转动时蜗杆带动蜗轮转动，蜗轮推动锁杆，车门被锁上或打开。然后蜗轮在复位弹簧的作用下返回原位置，防止操纵门锁钮时电动机工作。

门锁位置开关：位于门锁总成内，用来检测车门的锁紧状态，它由一个触点片和一个开关底座组成，当锁杆推向锁门位置时，位置开关断开，推向开门位置时接通，即当车门关闭时，此开关断开。当车门打开时，此开关接通。

钥匙操纵开关:装在每个前门的钥匙门上,当从外面用钥匙开门或关门时,钥匙控制开关便发出开门或锁门的信号给门锁控制 ECU 或门锁控制继电器。

行李舱门开启器开关:一般该开关位于仪表板下面或驾驶人座椅左侧车厢底板上,拉动此开关便能打开行李舱门。

行李舱门开启器:行李舱门开启器装在行李舱门上,一般用电磁线圈代替电动机,由轭铁、插棒式铁芯、电磁线圈和支架组成。当电磁线圈通电时,插棒式铁芯将轴拉入并打开行李舱门,线路断路器用以防止电磁线圈因电流过大而过热。

2. 中控门锁系统拆装与更换

对电动后视镜系统进行检修或更换时,可根据维修手册进行。拆装更换项目有以下几个项目:

(1)前侧门锁芯的拆装更换。
(2)前侧门内部把手的拆装更换。
(3)前侧门外部把手的拆装更换。
(4)前侧门外部把手托架的拆装更换。
(5)后侧门外部把手托架的拆装更换。
(6)后侧门外部把手的拆装更换。
(7)前侧门门锁的拆装更换。
(8)后侧门门锁的拆装更换。
(9)行李舱盖锁闩的拆装更换。
(10)行李舱盖锁闩扣的拆装更换。
(11)门锁开关的拆装更换。

三 实训器材

(1)实训车辆 5 辆。
(2)车辆防护三件套 5 套。
(3)常用汽车拆装工具 5 套。

四 实训要求

(1)在实践操作前,配齐所需工具,确保车辆放置安全位置,检查驻车制动器、空挡位置是否到位。
(2)安装车轮挡块到位,三件套和翼子板布、前格栅布的安装方法要正确。
(3)实训过程要符合车辆维修的操作规程。
(4)正确使用工量具。

五 教学组织

1. 教学模式和方法

教学模式运用理实一体化教学,在课前准备电气系统拆装和更换视频、作业单等,在课中采用任务驱动法、讨论法、情境教学法等方法进行教学。

2. 教学组织

实行小班化教学,建议实训人数不超过 30 人,实行分组教学。教学过程以学生为中心,以学生实训作业单引导学生熟悉认识中控门锁,会操控中控门锁,并学会拆装中控门锁部件。教师实践示范操作并指导学生进行实训拆装中控门锁相关部件。

3. 教学实施过程

以培养学生职业习惯、职业素养为目标,强调安全生产,提醒学生安全规范操作,检查、指导和纠正学生操作中出现的不规范操作,组织学生分享学习成果,并对学生操作过程进行评价。

六 实训步骤

(一)中控门锁系统的认识

以雪佛兰科鲁兹 1.6LDE 自动挡轿车中控门锁系统为例,熟悉车上中控门锁系统组成、安装位置和操控方式,见表 16-1。

认识中控门锁系统　　　　　　　　　　　　表 16-1

序号	检查项目	安装位置	开关位置	开关操控状态	完成状态
1	驾驶人侧前侧门锁			□会 □不会	□完成 □未完成
2	驾驶人侧后侧门锁			□会 □不会	□完成 □未完成
3	乘客侧前侧门锁			□会 □不会	□完成 □未完成
4	乘客侧后侧门锁			□会 □不会	□完成 □未完成
5	行李舱盖锁			□会 □不会	□完成 □未完成

(二)中控门锁系统拆装与更换

下面将以雪佛兰科鲁兹 1.6LDE 轿车中控门锁系统为例,对中控门锁系统拆装与更换实训内容过程进行说明。

1. 前侧门锁芯的拆装更换

实训步骤:

(1)用塑料平刃工具进行拆除螺栓检修孔塞。

(2)拆卸前侧门外部把手螺栓,如图 16-2 所示。

(3)从壳体上拉出前侧门锁芯以将其拆下,如图 16-3 所示。

(4)拉动前侧车门外部把手以使车门锁芯解锁。

2. 前侧门内部把手的拆装更换

实训步骤:

(1)拆下前侧门饰板。

(2)使用平刃工具释放固定器凸舌,拆下前侧门内部把手,如图16-4所示。

3. 前侧门外部把手的拆装更换

实训步骤：

图16-2 拆卸外部把手螺栓

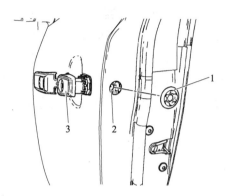

图16-3 前侧门锁芯结构组成
1-螺栓检修孔塞;2-前侧门外部把手螺栓;
3-前侧门锁芯

(1)用塑料平刃工具进行拆除螺栓检修孔塞。

(2)拆卸前侧车门外部把手螺栓,直到能够拆下前侧车门外部把手盖。

(3)用塑料平刃工具进行拆除前门外部把手盖衬垫。

(4)向后拉动前门外部把手,使之从内部把手罩中松开,如图16-5所示。

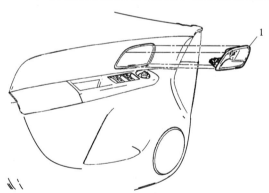

图16-4 前侧门内部把手位置图
1-前侧门内部把手

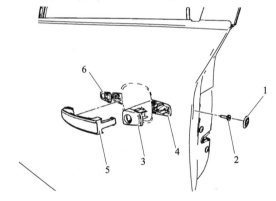

图16-5 前侧门外部把手结构图
1-螺栓检修孔塞;2-前侧车门外部把手螺栓;3-前门外部把手盖;4-前门外部把手盖衬垫;5-前门外部把手;6-前门外部把手衬垫

4. 前侧门外部把手托架的拆装更换

实训步骤：

(1)拆下前侧门饰板及挡水板。

(2)拆卸前侧门外部把手及其托架螺栓。

(3)断开前侧门锁闩(锁止)和把手杆,以便拆下壳体。

(4)拆下前侧门外部把手托架,如图16-6所示。

5. 前侧门门锁的拆装更换

实训步骤：

(1)拆下前侧门饰板和挡水板。

(2)拆卸前侧门锁螺钉,将车门锁拉线固定件从车门上松开。

(3)断开门锁电气连接器。

(4)拆下带有把手壳体的门锁,从锁上拆下把手和锁杆。

(5)拆下前门锁总成,检查锁、锁芯和把手的调整,如图16-7所示。

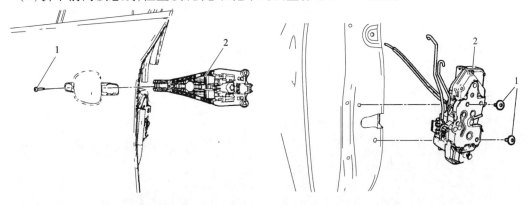

图16-6 前侧门外部把手托架结构图
1-前侧门外部把手托架螺栓;2-前侧门外部把手托架

图16-7 前侧门门锁结构图
1-前侧门门锁螺钉;2-前门锁总成

七 评分标准

实训评分表见表16-2。

实训评分表　　　　　　　　　　表16-2

序号	考核项目		配分	评分标准	得分
1	作业车辆安全检查		10	未检查或检查不到位扣5分	
2	检查工量具、仪器		5	未检查扣5分	
3	安装三件套		5	未安装扣5分,安装不到位扣3分	
4	各项目检查	工具选取	10	工具选取不正确或不全每次扣2分	
		拆装步骤	20	步骤错误或不完全正确每次扣2分	
		操作规范	20	操作错误或操作不规范每次扣2分	
		工量具、仪器使用情况	10	使用不当或错误每次扣2分,扣完为止	
5	团队协作		5	酌情扣分	
6	收拾工量具		5	未收拾扣5分	
7	车辆恢复		5	未恢复扣5分	
8	5S管理		5	酌情扣分	
9	遵守相关安全规范			因违规操作造成人员和设备事故的,总分按0分计	
	分数合计		100		

实训17 中控门锁系统电路检修

一 实训目标

(1)能确认中控门锁系统故障现象。
(2)能根据故障现象分析故障原因。
(3)能熟练使用常用工具对电路进行检测。
(4)会中控门锁系统的检测、故障诊断与排除。

二 实训内容

1. 熟悉中控门锁系统的组成及安装位置

中控门锁系统一般包括门锁控制开关、钥匙操纵开关、门锁总成、行李舱开启器及门锁控制器或车身控制模块等,如图17-1所示。

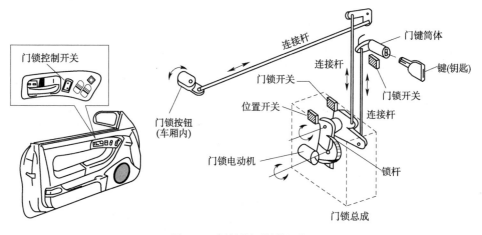

图17-1 中控门锁系统的组成

2. 中控门锁系统电路常见故障诊断与排除

中控门锁系统的故障主要表现在:电路器件本身的故障、电路故障和车身控制模块故障,其故障现象具体表现如下:

(1)门锁开关(驾驶人侧)失效,门锁开关锁定和解锁功能不工作,无法开启车门。引起故障的主要原因是,门锁开关锁止信号、解锁信号及搭铁,电路短路或断路故障或元件故障等。

(2)无法开启车门,车门锁闩总成不工作。引起故障的主要原因是,车门锁闩总成的相应锁定和解锁控制电路,电路短路或断路故障或元件故障等。

(3)对于无钥匙进入系统的,车门外把手开关失效,无法开启车门。引起故障的主要原因是,驾驶人侧、乘客侧、左后车门、右后车门把手开关及电路等故障。

在进行故障诊断时,应根据故障码\数据流或电路图对电路进行分析检查,判断出故障的部位。

三 实训器材

(1) 实训车辆 5 辆。
(2) 车辆防护三件套 5 套。
(3) 常用汽车拆装工具 5 套。
(4) KT600 检测仪、万用表、试灯各 5 套。

四 实训要求

(1) 在实践操作前,配齐所需工具,确保车辆放置安全位置,检查驻车制动器、空挡位置是否到位。
(2) 安装车轮挡块到位,三件套和翼子板布、前格栅布的安装方法要正确。
(3) 实训过程要符合车辆维修的操作规程。
(4) 正确使用电路检修工量具。

五 教学组织

1. 教学模式和方法

教学模式运用翻转课堂+理实一体化教学,在课前准备故障电路分析视频、作业单等,在课中采用任务驱动法、讨论法、情境教学法等方法进行教学。

2. 教学组织

实行小班化教学,实训人数不超过 30 人,实行分组教学,教师 1 名。教学过程以学生为中心,以学生实践作业单引导学生对问题进行分析、检测并解决问题,即完成故障诊断与排除。教师指导学生操作并监控整个教学过程的课堂管理。

3. 教学实施过程

以培养学生职业习惯、职业素养为目标,强调安全生产,提醒学生安全规范操作,检查、指导和纠正学生操作中出现的不规范操作,组织学生分享学习成果,并对学生操作过程进行评价。

六 实训步骤

(一) 中控门锁系统的认识

以 1713 款雪佛兰科鲁兹 1.6LDE 自动挡轿车中控门锁系统为例,熟悉车上所有门锁系统组成、安装位置和操控方式(表 17-1)。

认识科鲁兹轿车中控门锁系统　　　　表 17-1

序号	检查项目	开关位置	开关操控状态	完成状态
1	用钥匙锁定和解锁		□会 □不会	□完成 □未完成
2	用门锁控制开关锁定和解锁		□会 □不会	□完成 □未完成
3	用遥控锁定和解锁		□会 □不会	□完成 □未完成

(二) 中控门锁电路故障诊断与排除

由于中控门锁系统内容较多,下面将以1713款雪佛兰科鲁兹1.6LDE轿车电动门锁控制电路常见故障检修为例,对电路检修实训内容过程进行说明。

1. 确认电动门锁故障现象

通过门锁开关进行锁定和解锁,检查其工作状态,检查内容见表17-2。

电动门锁工作状态检查项目　　　　　　　　表17-2

序号	检查项目	检测结果	结论	备注
1	驾驶人侧门锁			
2	乘客侧门锁			
3	左右门锁			
4	右后门锁			
故障现象描述				

科鲁兹轿车遥控钥匙如图17-2所示,控制台中央门锁开关位置如图17-3所示。

图17-2　科鲁兹轿车遥控钥匙　　　图17-3　科鲁兹轿车控制台中央门锁开关位置

2. 读取故障码

使用KT600检测仪读取故障码。根据故障码,分析电路图,确定故障范围,并对相关的电路和元件进行检测,确定故障原因。没有故障码存储功能的系统,则直接分析电路图,确定故障范围。读取故障码可查询维修手册了解其含义和诊断思路。

3. 分析中控门锁电路图

中控门锁控制电路图如图17-4、图17-5所示。其电路主要由熔断丝、车身控制模块、门锁开关、车门闩锁总成及导线等组成。

中控门锁电路分析如下。

车身控制模块(BCM)通过向车门锁闩总成的相应锁定和解锁控制电路提供蓄电池正电压和搭铁使可反转车门锁闩总成通电。后车门和乘客车门锁闩总成的锁定和解锁电路全部连接在一起。当车门锁闩总成未激活时,所有执行器锁定和解锁控制电路均通过车身控制模块获得驾驶人车门浮动电压。锁止执行器转变为锁止或解锁位置取决于哪个控制电路接受电压及哪个控制电路接受搭铁。

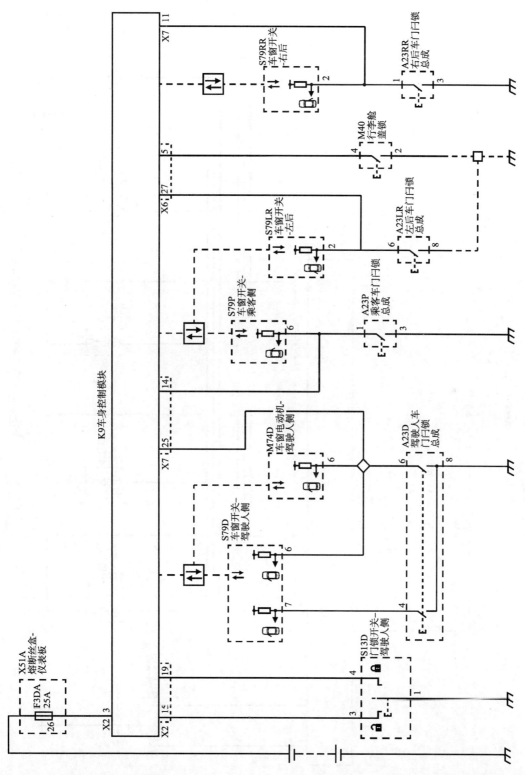

图17-4 雪佛兰科鲁兹1.6LDE自动挡轿车门锁/指示灯(开关)电路图

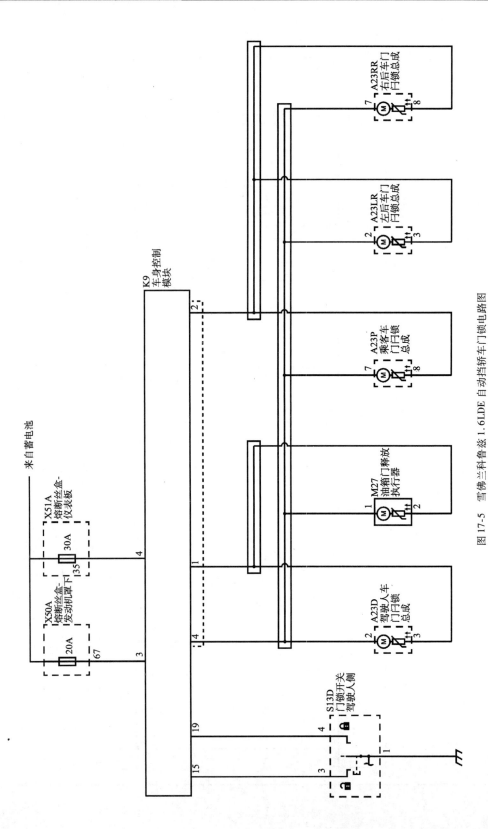

图17-5 雪佛兰科鲁兹1.6LDE自动挡轿车门锁电路图

当按下门锁开关解锁健🔓时,门锁/指示灯(开关)电路图中3号线与搭铁线接通,车身控制模块接收到来自15号线0V低电压信号时,车身控制模块则控制1、4线输出12V电压。这时所有车门闩锁总成动作,即执行器工作完成解锁。

当按下门锁开关锁止健🔒时,门锁/指示灯(开关)电路图中4号线与搭铁线接通,车身控制模块接收到来自19号线0V低电压信号时,车身控制模块则控制4、1线输出12V电压。这时所有车门闩锁总成动作,即执行器工作完成锁止。

4. 电路检测与故障排除

根据故障码,结合电路图分析,可能的故障原因为:门锁开关故障、门锁开关信号线故障、车门锁闩控制故障、门锁执行器故障、车身控制模块故障,如果确定元件损坏,则需要更换元件或总成,可根据维修手册拆装方法进行操作(表17-3)。

如果车门锁闩不能进行电气和机械操作,检查车门锁闩和相应的锁杆是否机械堵塞。当用故障诊断仪指令"所有车门锁定/解锁"时,确认所有车辆车门"锁定"和"解锁"。如果仅驾驶人车门"锁定"或"解锁"功能不工作,说明驾驶人车门锁故障。如果一个或多个,但不是所有,则乘客车门"锁定"或"解锁"功能不工作,说明乘客车门锁故障。如果所有车门"锁定"和"解锁"功能不工作,说明所有门锁故障。

雪佛兰科鲁兹1.6LDE轿车中控门锁控制电路检测　　　　　　　　表17-3

序号	测量项目	检测条件	检测参数
1	驾驶人门锁开关搭铁线	将点火开关置于OFF(关闭)位置,断开S13D驾驶人侧门锁开关的线束连接器	搭铁电路端子1和搭铁之间的电阻应小于10Ω,如果等于或大于10Ω,则修理搭铁连接中的开路/电阻过大
2	驾驶人门锁开关信号线	开关处于打开位置时	测试信号端子4和搭铁端子1之间的电阻应为无穷大
3	驾驶人门锁开关信号线	开关处于打开位置时	测试信号端子3和搭铁端子1之间的电阻应为无穷大
4	驾驶人门锁开关信号线	当开关置于锁定位置时	测试信号端子4和搭铁端子1之间的电阻是否小于2Ω。 如果等于或大于2Ω更换S13D驾驶人门锁开关
5	驾驶人门锁开关信号线	在开关置于解锁位置时	测试信号端子3和搭铁端子1之间的电阻是否小于2Ω。 如果等于或大于2Ω更换S13D驾驶人门锁开关
6	驾驶人门锁开关信号线	将点火开关置于OFF(关闭)位置,断开K9车身控制模块的X2线束连接器,点火开关置于ON(打开)位置	测试信号电路端子15和搭铁之间的电压是否低于1V。 如果等于或大于1V,则修理电路上的对电压短路。 如果低于1V,则进行下一步

续上表

序号	测量项目	检测条件	检测参数
7	驾驶人门锁开关信号线	将点火开关置于OFF（关闭）位置，断开K9车身控制模块的X2线束连接器	测试信号电路的端子15到端子3之间电阻是否小于2Ω。 如果等于或大于2Ω，则修理电路中的开路/电阻过大。 如果小于2Ω，则更换K9车身控制模块
8	驾驶人门锁开关信号线	将点火开关置于OFF（关闭）位置，断开K9车身控制模块的X2线束连接器，点火开关置于ON（打开）位置	测试信号电路端子19和搭铁之间的电压是否低于1V。如果等于或大于1V，则修理电路上的对电压短路。 如果低于1V，则进行下一步
9	驾驶人门锁开关信号线	将点火开关置于OFF（关闭）位置，断开K9车身控制模块的X2线束连接器	测试信号电路的端子19到端子4之间电阻是否小于2Ω。 如果等于或大于2Ω，则修理电路中的开路/电阻过大。 如果小于2Ω，则更换K9车身控制模块
10	车门锁闩总成	将点火开关置于OFF（关闭）位置，断开相应A23车门锁闩总成的线束连接器	在其中一个控制端子和12V电压之间安装一条跨接线。暂时在其他控制端子和搭铁之间安装一条跨接线。反接跨接线至少2次，A23车门锁闩总成应执行锁定和解锁功能。如果执行器未执行锁定和解锁功能更换A23车门锁闩总成
11	驾驶人车门锁控制线	断开A23D驾驶人车门锁闩总成的线束连接器。 将点火开关置于ON（打开）位置	测试控制电路端子3和搭铁之间的电压是否高于7V。 如果为7V或更低，则进行下一步
12	驾驶人车门锁控制线	将点火开关置于OFF（关闭）位置，断开K9车身控制模块的X6线束连接器	测试控制电路端子3到端子1电阻是否小于2Ω。 如果等于或大于2Ω，则修理电路上的开路/电阻过大。 如果小于2Ω，则更换K9车身控制模块
13	驾驶人车门锁控制线	断开A23D驾驶人车门锁闩总成的线束连接器。 将点火开关置于ON（打开）位置	测试控制电路端子2和搭铁之间的电压是否高于7V。 如果为7V或更低，则进行下一步
14	驾驶人车门锁控制线	将点火开关置于OFF（关闭）位置，断开K9车身控制模块的X6线束连接器	测试控制电路端子2到端子4电阻是否小于2Ω。 如果等于或大于2Ω，则修理电路上的开路/电阻过大。 如果小于2Ω，则更换K9车身控制模块

5. 故障排除效果验证并清码

故障排除后,通过操控开关,确认故障排除效果,如果电路故障未排完,则继续排除。如故障已经排除则清除故障码。

6. 实践操作作业单

中控门锁系统电路检修学生作业单见表17-4。

中控门锁系统电路检修学生作业单　　　　　表17-4

步　　骤	内　　　容	完成情况	
1. 实践操作前安全、设备检查	放置三角木	□完成	□未完成
	安装三件套、翼子板布、前格栅布	□完成	□未完成
	拉紧驻车制动器操纵杆	□完成	□未完成
	置于 N 挡(或 P 挡)	□完成	□未完成
2. 确认现象	故障现象描述	□完成	□未完成
3. 读取故障码或数据流	故障码	□完成	□未完成
	故障码含义	□完成	□未完成
	读取相关数据流	□完成	□未完成
4. 根据故障码、数据流、电路图小组讨论	分析可能的故障原因	□完成	□未完成
5. 确定诊断思路	确定检查顺序	□完成	□未完成
6. 你认为有故障的部位检查及测量记录	可能故障部位	可能故障部位的检查记录	
			□完成　□未完成
7. 故障点确认及排除	故障点确认:	□完成	□未完成
	故障点排除方法说明:	□完成	□未完成
	清除故障码	□已清除	□未清除
	验证故障是否排除	□已排除	□未排除

七 评分标准

实训评分表见表17-5。

实训评分表　　　　　表17-5

序号	考核项目	配分	评分标准	得分
1	作业车辆安全检查	15	未检查或检查不到位扣5分	
2	检查工量具、仪器	5	未检查扣5分	
3	安装三件套	5	未安装扣5分,安装不到位扣3分	

续上表

序号	考核项目		配分	评分标准	得分
4	各项目检查	电路检测	15	检测方法不正确或不全面每次扣2分,	
		元件检测	15	检测方法不正确或不全面每次扣2分	
		作业单记录	10	检测结果不正确或记录不正确每次扣2分	
		结论	5	结论不正确扣5分	
		工量具、仪器使用情况	10	使用不当或错误每次扣2分,扣完为止	
5	团队协作		5	酌情扣分	
6	收拾工量具		5	未收拾扣5分	
7	车辆恢复		5	未恢复扣5分	
8	5S管理		5	酌情扣分	
9	遵守相关安全规范			因违规操作造成人员和设备事故的,总分按0分计	
	分数合计		100		

项目五　空调系统

实训18　空调系统检查与故障诊断

一　实训目标

(1)掌握空调制冷系统各种常规检查的方法与步骤。
(2)掌握利用歧管压力表诊断制冷循环系统故障的方法与步骤。

二　实训内容

(1)空调制冷系统各种常规检查主要有空调制冷系统直观检查、制冷剂数量检查、制冷剂的泄漏检查、制冷功能检查。

(2)汽车空调的各种故障在分析其原因时,均可用压力异常或温度过冷、过热来进行判断。用歧管压力表能把制冷装置的高压侧与低压侧的压力分别用仪表指示出来,从而能判定出故障的原因,以便使用正确方法排除故障。

(3)歧管压力表由两个压力表(低压表和高压表)、两个手动阀(高压手动阀和低压手动阀)、三个软管接头(一个接低压工作阀、一个接高压工作阀、一个接制冷剂罐或真空泵吸入口)组成,这些部件都装在表座上,形成一个压力计装置。歧管压力表的高压表用于检测制冷系统高压侧的压力,低压表用于显示制冷系统低压侧的压力,也用于显示真空度。

三　实训器材

(1)实训车辆4辆。
(2)车辆防护三件套4套。
(3)歧管压力表组4套。
(4)空调制冷剂检漏仪4个。
(5)空调诊断仪4套。

四　实训要求

(1)在实践操作前,配齐所需工具,确保车辆放置安全位置,检查驻车制动器、空挡位置是否到位。
(2)安装车轮挡块到位,三件套和翼子板布、前格栅布的安装方法要正确。

(3)实训过程要符合车辆维修的操作规程。

(4)正确使用实训器材。

五 教学组织

1. 教学模式和方法

教学模式运用翻转课堂+理实一体化教学,在课前准备操作视频、作业单等,在课中采用任务驱动法进行教学。

2. 教学组织

实行小班化教学,实训人数不超过 30 人,实行分组教学,教师 1 名。教学过程以学生为中心,以学生实践作业单引导学生进行空调系统的各种检查操作。教师指导学生操作并监控整个教学过程的课堂管理。

3. 教学实施过程

以培养学生职业习惯、职业素养为目标,强调安全生产,提醒学生安全规范操作,检查、指导和纠正学生操作中出现的不规范操作,组织学生分享学习成果,并对学生操作过程进行评价。

六 实训步骤

(一)空调制冷系统直观检查

空调制冷系统直观检查见表 18-1。

空调制冷系统直观检查　　　　　　　　　　　　　表 18-1

序号	检查内容与方法	检查结果记录
1	检查压缩机驱动皮带是否过松,如果皮带过松按标准调整	□正常 □不正常
2	检查空调出风口的出风量,如果出风量不足,检查进风滤清器,如有杂物清除之	□正常 □不正常
3	听压缩机附近是否有非正常的响声,如果有,检查压缩机的安装情况	□正常 □不正常
4	听压缩机内部是否有杂音,这种杂音通常都是由压缩机内部零件损坏所引起	□正常 □不正常
5	检查冷凝器散热片上是否有脏物覆盖,如果有将脏物清除	□正常 □不正常
6	检查制冷循环系统的各连接处是否有油渍,如果有油渍,说明该处有泄漏,应紧固该连接处或更换该处的零件	□正常 □不正常
7	将鼓风机开至低、中、高挡,听鼓风机处是否有杂音,检查鼓风机是否运转正常,如果有杂音或运转不正常,应更换鼓风机(鼓风机进入异物或安装有问题也会引起杂音或运转不正常,所以在更换之前要仔细检查)	□正常 □不正常

(二)通过检查系统的压力检查制冷剂的数量

检查制冷剂数量见表 18-2。

检查制冷剂数量　　　　　　　　　表18-2

序号	操作方法与步骤		操作记录
1	连接歧管压力表；		
	(1)	将歧管压力表的高低压开关全部关闭	□完成
	(2)	把红、蓝两色加注软管的一端分别和歧管压力表相连 注意：连接时，用手而不要用任何工具紧固加注软管； 　　　如果加注软管的连接密封件损坏，要更换； 　　　由于低压侧和高压侧的连接尺寸不同，连接软管时不要装反	□完成
	(3)	把蓝色加注软管另一端和车辆低压侧的维修阀门相连，红色加注软管另一端和车辆高压侧的维修阀门相连 注意：软管和车上的维修阀门连接时，把快速接头接到维修阀门上并滑动，直到听到"咔嗒"声	□完成
2	检查制冷系统的压力		
	(1)	安全起动发动机；	□完成
	(2)	在空调运行时检查歧管压力表所显示的压力，记录在表18-3中。	□完成

系统压力检测结果及制冷剂数量判断　　　　　　　　　表18-3

检测内容	读取数据	规定压力读数	结果判断
低压侧系统压力		0.15～0.25MPa （1.5～2.5kgf/cm²）	□冷剂量正常 □冷剂量不足 □冷剂量过量
高压侧系统压力		1.37～1.57MPa （14～16kgf/cm²）	

（三）检查制冷剂的泄漏

用检漏计检测主要可能的泄漏部位，如图18-1所示。

制冷系统检漏结果见表18-4。

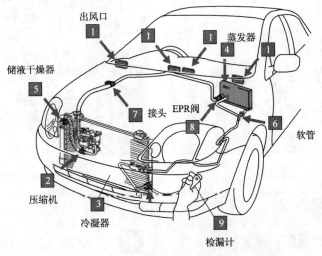

图18-1　用检漏计检测制冷剂主要可能的泄漏部位

制冷系统检漏结果　　　　　　　　　　表18-4

序号	检漏部位	检漏结果	
1	出风口	□冷剂量泄漏	□无泄漏
2	压缩机	□冷剂量泄漏	□无泄漏
3	冷凝器	□冷剂量泄漏	□无泄漏
4	蒸发器	□冷剂量泄漏	□无泄漏
5	储液干燥器	□冷剂量泄漏	□无泄漏
6	连接软管	□冷剂量泄漏	□无泄漏
7	接头	□冷剂量泄漏	□无泄漏
8	EPR 阀	□冷剂量泄漏	□无泄漏

(四)空调制冷功能的检查

检测条件:将车放在阴凉处;预热发动机到正常温度,将车门全开,气流选择为面部出风,进风选择为内循环,鼓风机速度选择最大,温度选择最冷,在发动机转速为 1500r/min 的情况下开启 A/C 开关。

检测使用仪器:汽车空调电路 R134a 诊断工具。空调制冷功能的检查见表18-5。

空调制冷功能的检查　　　　　　　　　　表18-5

序号	操作步骤及图例	操作记录
1	组装检测工具,如图18-2 所示	□完成
2	将仪器接上蓄电池电源,如图18-3 所示	□完成

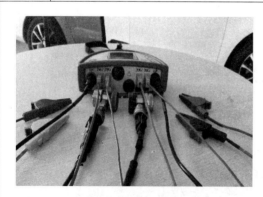 

图18-2　组装检测工具　　　　　图18-3　连接蓄电池电源

| 3 | 按"⏻"键开机,进入菜单显示界面,如图18-4 所示 | □完成 |
| 4 | 用定位键"⬆"、"⬇"选择图标"空气调节 ✳",按验证键"✳"打开工具推荐的"空调"功能,如图18-5 所示 | □完成 |

续上表

序号	操作步骤及图例	操作记录
	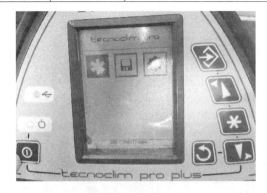 图18-4 开机菜单界面　　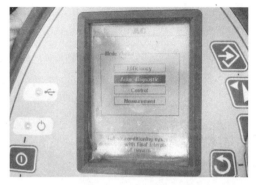 图18-5 "空调"功能界面	
5	选择第二行的"Auto. diagnostic"自动诊断,按验证键进入车辆配置界面,各项选择如图18-6所示	□完成
6	选择完成,按验证键确定	□完成
7	连接高、低压力传感器,如图18-7所示,按验证键确定	□完成
	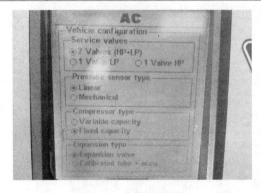 图18-6 车辆配置选择　　 图18-7 连接高、低压力传感器	
8	连接温度传感器,如图18-8、图18-9所示,红色传感器夹在冷凝器入口,黄色传感器夹在冷凝器出口,黑色传感器夹在蒸发器入口,蓝色传感器夹在蒸发器出口	□完成
	 图18-8 连接温度传感器　　 图18-9 连接温度传感器	

续上表

序号	操作步骤及图例	操作记录
9	THR在车外2M左右测环境温度,按验证键确定,读取数据,如图18-10所示 **注意**:当环境温度>15℃时,才能测试	环境温度
10	预热发动机到正常温度,将车门全开,气流选择为面部出风,进风选择为内循环,鼓风机速度选择最大,温度选择最冷,在发动机转速为1500r/min的情况下开启A/C开关,如图18-11所示	□完成

图18-10　测量环境温度　　　　　　　图18-11　测试条件

| 11 | 将THR安装在左侧出风口测量,如图18-12所示,测量结果如图18-13至图18-15所示 | □完成 |

图18-12　THR安装在左侧出风口　　　图18-13　测量结果(1)

图18-14　测量结果(2)　　图18-15　测量结果(3)

续上表

序号	操作步骤及图例	操作记录
12	根据数据判断空调制冷功能是否正常	□正常 □异常
13	退出并关闭空调诊断仪器	□完成
14	关闭空调,发动机熄火	□完成
15	拆解空调诊断仪器	□完成

(五)利用歧管压力表诊断制冷循环系统故障

制冷循环系统的故障基本上都可以用歧管压力表进行诊断,在系统无泄漏及压缩机电磁离合器能够吸合的情况下,将歧管压力表按与制冷系统的维修阀连接,起动发动机,运转空调系统,检查系统高压及低压侧的压力(表18-6)。

利用歧管压力表诊断制冷循环系统故障 表18-6

序号	故障现象 系统压力	故障现象 其他现象	故障原因	处理方法
1	高压侧压力:1.4~1.6MPa 低压侧压力:0.15~0.25MPa	—	系统正常	—
2	歧管压力表的高、低压表指示的压力均低	视液镜中可以看到大量气泡	系统中制冷剂不足	应检查系统是否有泄漏的地方,在排除了泄漏故障后,将制冷剂补足
3	歧管压力表的高、低压表的指示均过高	视液镜中看不到气泡,甚至在低转速下也看不到气泡	系统中制冷剂过量或冷凝器冷却不足	将制冷剂量调整合适,清洁冷凝器,同时还要检查车辆的冷却系统
4	压力表在空调起动时正常,过一段时间低压表指示真空,高压表的压力也降低很多,过几秒到几分钟,表的指示又恢复正常,如此循环	制冷时有时无	系统中有水分(当系统正常制冷温度下降时,水分在膨胀阀处结冰造成冰堵,制冷循环不能进行,温度上升后,冰融化使得循环又正常进行,温度下降后又造成冰堵,如此反复)	更换储液干燥器,系统抽真空后重新加注制冷剂
5	高压表指示过低,低压表指示过高; 关闭空调后,高低压表指示很快趋于一致	触摸压缩机,压缩机的温度也不高	压缩机的效率不高或冷凝器冷却不足	应更换或修理压缩机(冷凝器)
6	开启空调时,低压表即刻显示真空; 高压表的压力比正常压力低	在堵塞部位的前后出现温差	制冷循环系统完全堵塞,制冷剂不能循环(堵塞的部位常发生在膨胀阀、EPR阀及管路较细的部位。膨胀阀的感温包漏气也可能使膨胀阀不能开启而造成这种情况)	查明堵塞的原因,更换堵塞的部件,彻底清理制冷循环管路

续上表

序号	故障现象		故障原因	处理方法
	系统压力	其他现象		
7	低压表在开启空调时将逐渐指向真空；高压表的压力比正常压力低	在堵塞部位的前后出现温差	制冷循环系统未完全堵塞	查明堵塞的原因,更换堵塞的部件,彻底清理制冷循环管路
8	高低压表的压力均指示高于正常值(制冷剂数量正常)	低压指示越高,制冷效果就越差	制冷循环系统中有空气进入	更换制冷剂并对系统进行抽真空,排除系统中的空气
9	低压表指示过高,高压表指示正常	低压管路结霜且制冷效果下降	膨胀阀开度过大	重点检查膨胀阀热敏管的安装情况,在热敏管正常的情况下,应考虑更换膨胀阀
检测结果			高压侧压力：低压侧压力：	

七 评分标准

实训评分表见表18-7。

实训评分表　　　　　　　　　　　　　　　　表18-7

序号	考核项目		配分	评分标准	得分
1	作业车辆安全检查		10	未检查或检查不到位扣5分	
2	检查仪器设备		5	未检查扣5分	
3	安装三件套		5	未安装扣5分,安装不到位扣3分	
4	操作过程	操作流程	25	操作流程不正确或不全面每次扣2分,操作方法不正确每次扣2分,扣完为止	
		作业单记录	10	未记录每次扣2分,扣完为止	
		数据记录	15	数据记录不正确,每个扣5分,扣完为止	
		仪器设备使用情况	10	使用不当或错误每次扣2分,扣完为止	
5	团队协作		5	酌情扣分	
6	收拾仪器设备		5	未收拾扣5分	
7	车辆恢复		5	未恢复扣5分	
8	5S管理		5	酌情扣分	
9	遵守相关安全规范			因违规操作造成人员和设备事故的,总分按0分计	
分数合计			100		

实训19　空调制冷剂的充注

一 实训目标

掌握采用制冷剂加注回收设备重新加注制冷剂的操作方法与步骤。

二 实训内容

制冷剂加注工作分为两种,一种是制冷系统内部制冷剂不足,进行补充;另一种是制冷系统中无制冷剂,重新加注。如果制冷剂不足,需检查系统是否有泄漏的地方,在确认系统无泄漏后,可进行补充。如果空调系统更换了零件或因其他原因制冷剂全部漏光,则需重新加注,重新加注制冷剂时应先对系统进行抽真空作业,以抽去制冷循环系统的水分,防止因水结冰堵塞制冷系统的管路。

近年来汽车4S店加注制冷剂基本已经将用歧管压力表低压侧加注制冷剂的方法淘汰,而采用制冷剂的加注回收设备,目前广泛采用的设备是斯必克的制冷剂加注回收设备,在制冷剂加注前,需要用制冷剂检测仪对制冷剂进行检测,如果制冷剂中所含R134a的纯度达不到要求,所回收的制冷剂不可再用,当制冷剂的纯度符合要求时可以再次使用。加注制冷剂时先应按照要求对制冷剂回收,回收完成后要进行抽真空和保压,最后按照车辆对制冷剂要求的数量将制冷剂一次加注完成,完成后再进行空调性能检测,合格后即完成加注。

三 实训器材

(1)实训车辆4辆。
(2)车辆防护三件套4套。
(3)完成初始设置的斯必克AC350C制冷剂回收/再生/充注机4台。

四 实训要求

(1)在实践操作前,配齐所需工具,确保车辆放置安全位置,检查驻车制动器、空挡位置是否到位。
(2)安装车轮挡块到位,三件套和翼子板布、前格栅布的安装方法要正确。
(3)实训过程要符合车辆维修的操作规程。
(4)正确使用制冷剂加注回收设备,在使用设备时要求佩戴护眼罩。

五 教学组织

1. 教学模式和方法

教学模式运用翻转课堂+理实一体化教学,在课前准备操作视频、作业单等,在课中采用任务驱动法进行教学。

2. 教学组织

实行小班化教学,实训人数不超过30人,实行分组教学,教师1名。教学过程以学生为中心,以学生实践作业单引导学生空调系统的各种操作任务。教师指导学生操作并监控整个教学过程的课堂管理。

3. 教学实施过程

以培养学生职业习惯、职业素养为目标,强调安全生产,提醒学生安全规范操作,检查、指导和纠正学生操作中出现的不规范操作,组织学生分享学习成果,并对学生操作过程进行评价。

六 实训步骤

(一)斯必克 AC350C 制冷剂回收/再生/充注机检查、准备。

斯必克 AC350C 设备检查与准备见表 19-1。

设备检查与准备　　　　表 19-1

序号	操作步骤及图例	操作记录
1	检查机器上的高、低压阀门、电源开关均应关闭,如图 19-1 所示	□完成
2	检查工作罐压力,正常压力应在 1MPa 左右,如图 19-1 所示,压力过高时,应排出工作罐中不可压缩的气体	工作罐压力
3	关闭高、低压连接管阀门,并检查连接管是否老化	□正常 □老化
4	带上胶手套,将高、低压连接管与车上空调系统连接,如图 19-2 所示	□完成

图 19-1　检查阀门与电源开关处于关闭状态

图 19-2　高、低压连接管与车上空调系统连接

5	拧开高、低压连接管阀门,如图 19-3 所示	□完成
6	打开机器的电源开关,屏幕上显示"制冷剂净重",当其小于 3kg 时,如图 19-4 所示,要给工作罐补充制冷剂,否则不好向车辆充注制冷剂	制冷剂净重:

图 19-3　拧开高压连接管阀门

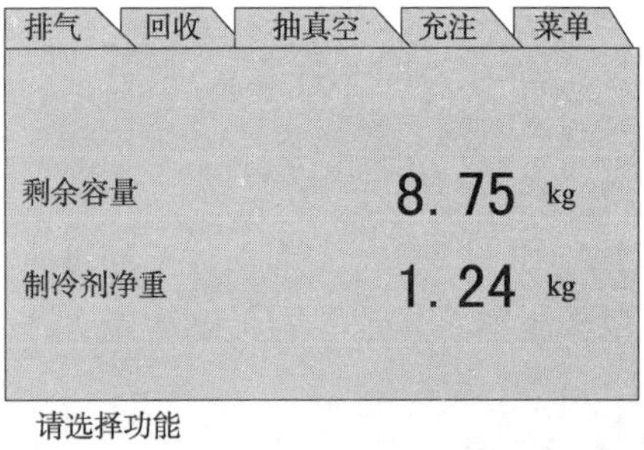

图 19-4　制冷剂净重显示

（二）回收空调系统制冷剂

回收空调系统制冷剂见表19-2。

回收空调系统制冷剂　　　　　　　　　　　　　　　　　表19-2

序号	操作步骤及图例	操作记录
1	打开机器控制面板上红、蓝色高、低压两个阀门（手柄箭头指向左边为开）	□完成
2	按"回收"功能选项按钮 ❄🚗，屏幕显示如图19-5所示	□完成
3	按"确定"键 ➡，压缩机起动，系统将进行清理管路，时间为1min，随后开始回收	□完成
4	当控制面板上低压压力达 -33863.9Pa 时，如图19-6所示，可以按停止键 ✖，停止回收	□完成

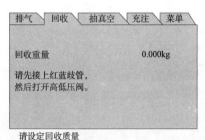

图19-5　回收功能屏幕显示

图19-6　可停止回收的低压压力标准

（三）排油

将回收到工作罐的制冷剂中的冷冻机油排除，以便制冷剂能重复充注。排油操作时要记录排油量，以便随后操作中计算注油量（表19-3）。

排　　油　　　　　　　　　　　　　　　　　　　　　　表19-3

序号	操作步骤及图例	操作记录
1	关闭机器控制面板上红、蓝色高、低压两个阀门（手柄箭头指向上为关）	□完成
2	观察排油瓶，记录未排油前的油面高度，如图19-7所示	油面高度：
3	按"确定"键开始排油，排油完成会自动停止，屏幕如图19-8所示	□完成
4	观察排油瓶，记录排油后的油面高度，计算排油量	排油量：

图19-7　未排油前的油面高度

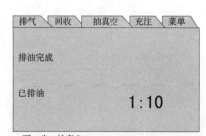

图19-8　排油结束屏幕显示

(四)空调系统抽真空

回收完空调系统的制冷剂,维修好空调系统后,应进行抽真空作业,以抽去制冷循环系统的水分,防止因水结冰堵塞制冷系统的管路(表19-4)。

空调系统抽真空　　　　　　　　　　　　　表19-4

序号	操作步骤及图例	操作记录
1	打开机器控制面板上红、蓝色高、低压两个阀门	□完成
2	按"回收"功能选项按钮 ,屏幕出现抽真空状态	□完成
3	按数字键设定所需的抽真空时间,如图19-9所示,一般设置为20~30min	抽真空时间:
4	按"确定"键开始抽真空	□完成
5	抽真空完成后,屏幕显示询问是否保压,以检查系统密封性,如图19-10所示	□完成

图19-9　设置抽真空时间

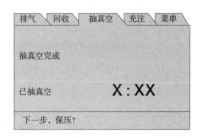
图19-10　抽真空完成后屏幕显示

序号	操作步骤及图例	操作记录
6	关闭机器控制面板上红、蓝色高、低压两个阀门	□完成
7	按"确定"键开始保压,观察高、低压力表的压力值是否回升,要求10min内压力上升不大于3%,如果显示压力增加,则有空气进入空调系统,检查O形圈和空调系统的连接情况	压力值是否回升:
8	保压完成后进行二次抽真空,操作如第一次,设置时间约为第一次的两倍	□完成

(五)空调系统加注冷冻机油

因为在回收空调系统制冷剂时排出了系统中的冷冻机油,所以在加注制冷剂之前应先给系统加注冷冻机油(表19-5),加注量=排出的油量+20ml。

空调系统加注冷冻机油　　　　　　　　　　表19-5

序号	操作步骤及图例	操作记录
1	二次抽真空、保压完成后屏幕显示如图19-11所示,按"确定"键进入注油环节	□完成
2	打开机器控制面板上红色高压阀门,如图19-12所示	□完成

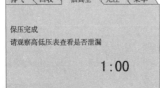
图19-11　注油选择提示

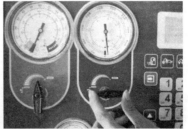
图19-12　打开高压阀,"确定"注油操作

续上表

序号	操作步骤及图例	操作记录
3	按"确定"键,开始注油操作,如图19-13所示	□完成
4	注油过程中要随时观察注油瓶的油量,如图19-14所示,不能去除注油瓶中所有的油液,以避免空气进入空调系统	□完成

图19-13　按"确定"键,开始注油操作

图19-14　观察注油瓶的油量

| 5 | 当达到注油量时,按"停止"键 X ,完成注油 | □完成 |

（六）空调系统加注制冷剂

空调系统加注制冷剂见表19-6。

空调系统加注制冷剂　　　　　　　　　　　　　　　　表19-6

序号	操作步骤及图例	操作记录
1	查阅充注机器的数据库或看发动机舱保险杠上的标识,如图19-15所示,确定制冷剂的充注量(充注量=标识充注量+管路内容量约45g)	充注量:
2	按"充注"功能选项按钮	□完成
3	通过数字键盘设定所需的充注质量	□完成
4	打开机器控制面板上红色高压阀门,如图19-16所示,确定单管充注	□完成

图19-15　发动机舱保险杠上的标识

图19-16　打开高压阀门、按"确定"键

续上表

序号	操作步骤及图例	操作记录
5	按"确定"键，开始制冷剂充注操作，如图 19-16 所示，充注完成后设备会自动停机，并提示，如图 19-17 所示	□完成
6	加注完成后，关闭机器控制面板上红色高压阀门	□完成
7	从车辆上缓慢断开高、低压快速接头，如图 19-18 所示	□完成

图 19-17　充注完成，屏幕提示

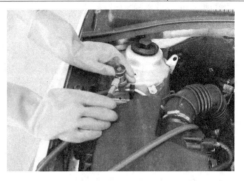

图 19-18　取下车上的高、低压快速接头

（七）管路清理

管路清理见表 19-8。

　　　　　　　　　　管 路 清 理　　　　　　　　　　表 19-7

序号	操作步骤及图例	操作记录
1	充注完成后，从车辆上缓慢断开高、低压快速接头，如图 19-18 所示	□完成
2	打开机器控制面板上红色高压阀门与蓝色低压阀门，如图 19-19 所示	□完成
3	按"确定"键，开始管路清理操作，如图 19-20 所示	□完成
4	程序结束，按"确定"键退出	□完成

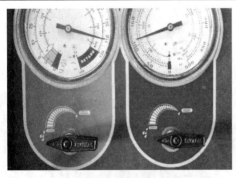

图 19-19　打开高、低压力阀

图 19-20　按"确定"键、开始管路清理

七　评分标准

实训评分表见表 19-8。

实训评分表　　　　　　　　　　　　　　　　表19-8

序号	考核项目		配分	评分标准	得分
1	作业车辆安全检查		10	未检查或检查不到位扣5分	
2	检查仪器设备		5	未检查扣5分	
3	安装三件套		5	未安装扣5分,安装不到位扣3分	
4	操作过程	操作流程	25	操作流程不正确或不全面每次扣2分,操作方法不正确每次扣2分,扣完为止	
		作业单记录	10	未记录每次扣2分,扣完为止	
		参数记录、计算	15	数据计算、设置不正确,每个扣5分,扣完为止	
		仪器设备使用情况	10	使用不当或错误每次扣2分,扣完为止	
5	团队协作		5	酌情扣分	
6	收拾仪器设备		5	未收拾扣5分	
7	车辆恢复		5	未恢复扣5分	
8	5S管理		5	酌情扣分	
9	遵守相关安全规范			因违规操作造成人员和设备事故的,总分按0分计	
	分数合计		100		

实训20　空调系统电路检修

一　实训目标

(1)能确认空调控制电路故障现象。
(2)能根据故障现象分析故障原因。
(3)能熟练使用常用工具对电路进行检测。
(4)会空调控制电路的检测、故障诊断与排除。

二　实训内容

(1)空调制冷工作条件。空调制冷控制电路的控制目标是控制压缩机离合器继电器电路导通,使压缩机离合器工作。工作条件是:
①HVAC控制模块电源、搭铁正常。
②打开A/C开关,有A/C信号进入HVAC控制模块。
③打开鼓风机速度选择开关,有鼓风机开关信号进入HVAC控制模块。
④制冷剂量正常,有正常制冷剂压力传感器信号进入发动机控制模块。
⑤有正常空调蒸发器温度传感器信号进入HVAC控制模块。
(2)空调控制系统故障诊断与排除。

三　实训器材

(1)科鲁兹轿车4辆。

(2)车辆防护三件套 4 套。

(3)常用汽车拆装工具 4 套。

(4)KT600 检测仪、万用表、试灯各 4 套。

四 实训要求

(1)在实践操作前,配齐所需工具,确保车辆放置安全位置,检查驻车制动器、空挡 位置是否到位。

(2)安装车轮挡块到位,三件套和翼子板布、前格栅布的安装方法要正确。

(3)实训过程要符合车辆维修的操作规程。

五 教学组织

1. 教学模式和方法

教学模式运用翻转课堂+理实一体化教学,在课前准备操作视频、作业单等,在课中采用任务驱动法、小组讨论法进行教学。

2. 教学组织

实行小班化教学,实训人数不超过 30 人,实行分组教学,教师 1 名。教学过程以学生为中心,以学生实践作业单引导学生空调系统的各种操作任务。教师指导学生操作并监控整个教学过程的课堂管理。

3. 教学实施过程

以培养学生职业习惯、职业素养为目标,强调安全生产,提醒学生安全规范操作,检查、指导和纠正学生操作中出现的不规范操作,组织学生分享学习成果,并对学生操作过程进行评价。

六 实训步骤

下面将以雪佛兰科鲁兹 1.6LDE 轿车控制电路检修为例,对实训内容过程进行说明。

案例:某车空调不制冷。

(一)实践操作前安全、设备检查

认真完成实践操作前安全与设备检查,见表 20-1。

实践操作前安全、设备检查　　　　　　　　　　表 20-1

空调控制电路检修学生作业单			
实践操作前安全、设备检查	放置三角木	□完成	□未完成
	安装三件套、翼子板布、前格栅布	□完成	□未完成
	拉紧驻车制动器操纵杆	□完成	□未完成
	置于 N 挡(或 P 挡)	□完成	□未完成
	检查万用表	□正常	□不正常
	检查试灯	□正常	□不正常
	连接诊断仪并开机	□完成	□未完成

（二）确认故障现象

起动发动机，进风选择为内循环，打开鼓风机速度选择开关，温度选择冷，开启 A/C 开关。结果听不到压缩机离合器吸合声，出风口无冷风，说明空调不制冷。故障现象见表 20-2。

确认故障现象　　　　　　　　　　　　　　　　　　　　　　表 20-2

空调控制电路检修学生作业单		
确认现象	故障现象描述	空调不工作，不制冷

空调不制冷的原因可能是机械故障、电路故障，也可能是无制冷剂或制冷剂严重不足。快捷的诊断方法是利用诊断读取故障码，排除电路故障后若仍是无法制冷，可用歧管压力表读取高、低压力管压力值判断故障原因。

（三）读取故障码或数据流

使用 KT600 检测仪读取故障码或相关的数据流。根据故障码或数据流，分析电路图，确定故障范围，并对相关的电路和元件进行检测，确定故障原因。没有故障码或数据流存储功能的系统，则直接分析电路图，确定故障范围。读取故障码可查询维修手册了解其含义和诊断思路。本案例中故障码、故障码含义、相关数据流见表 20-3。

读取故障码或数据流　　　　　　　　　　　　　　　　　　表 20-3

空调控制电路检修学生作业单		
读取故障码或数据流	故障码	P0532
	故障码含义	空调压力传感器电压过低
	读取相关数据流	空调压力传感器：0kPa 空调停用压力超出范围：是

（四）根据故障码、数据流、电路图小组讨论

科鲁兹轿车空调系统手动模块电源、搭铁、串行数据和鼓风机控制电路如图 20-1 所示。

科鲁兹轿车空调系统手动压缩机控制装置电路如图 20-2 所示。

科鲁兹轿车空调系统手动蒸发器温度传感器电路如图 20-3 所示。

雪佛兰科鲁兹 1.6LDE 轿车发动机冷却系统电路如图 20-4 所示。

雪佛兰科鲁兹 1.6LDE 自动挡轿车空调系统电路分析如下：

（1）发动机电子控制器 ECM 控制空调压缩机继电器线圈工作的机理：当驾驶人在 HVAC 的开关控制组件 S34 打开风机开关、按下 A/C 按钮后，HVAC 电子控制模块 K33 的 X2-4 号接脚会接收从 S34-1 号接脚接收到相应的请求信号，K33 参考 X3 的 20 号接脚获得蒸发器温度传感器的温度信号，K33 检测到蒸发器温度高于 2℃，就会通过 LIN 线给发动机控制模块 K20 发出控制压缩机继电器工作和冷凝风扇工作的请求信号。

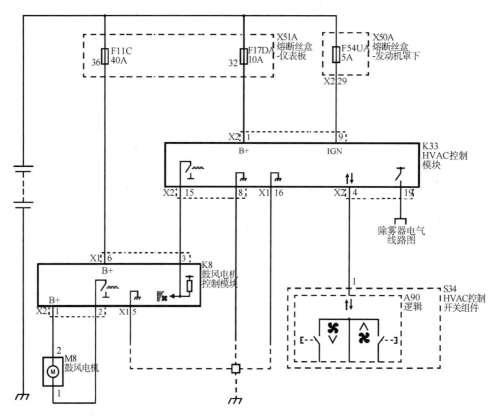

图20-1 雪佛兰科鲁兹1.6LDE轿车空调系统手动模块电源、搭铁、串行数据和鼓风机控制电路图

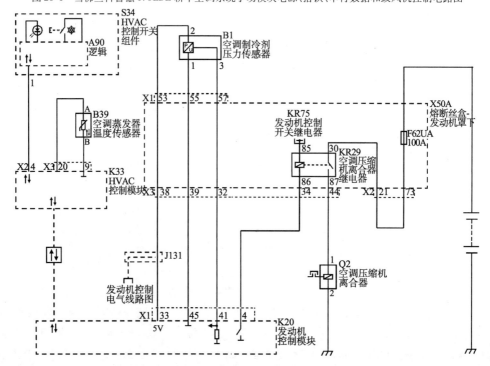

图20-2 雪佛兰科鲁兹1.6LDE轿车空调系统手动压缩机控制装置电路图

项目五 空调系统

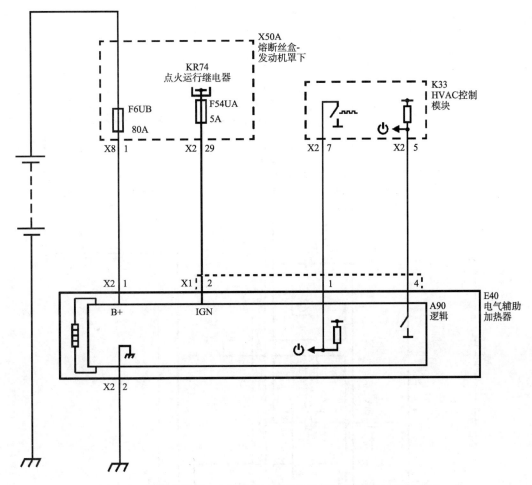

图20-3 雪佛兰科鲁兹1.6LDE轿车空调系统手动蒸发器温度传感器电路图

(2)发动机电子控制模块 K20 接收到空调工作的请求信号后,会结合空调管路中的制冷剂压力、发动机冷却液温度、发动机负荷等信号判断是否控制压缩机继电器工作。如果 X2 的 62 号接脚检测到空调管路中的制冷剂压力高于 0.19MPa 且低于 3.14MPa、发动机温度低于 105℃、发动机小于中负荷时,K20 通过 X2 的 41 号接脚(LNP 配置的车型)给空调压缩机离合器继电器线圈提供负极。空调压缩机离合器继电器工作,空调压缩机离合器触点闭合,电流从 B + →F62UA→压缩机离合器继电器触点→空调压缩机离合器→G110 搭铁点→蓄电池负极,压缩机电磁离合器吸合。

根据故障码和电路图,本案例中分析可能的故障原因见表20-4。

可能的故障原因   表20-4

空调控制电路检修学生作业单		
根据故障码、数据流、电路图小组讨论	分析可能的故障原因	(1)制冷剂压力传感器损坏; (2)制冷剂压力传感器电路故障; (3)K20 发动机控制模块故障; (4)空调制冷系统存在泄漏,制冷剂不足

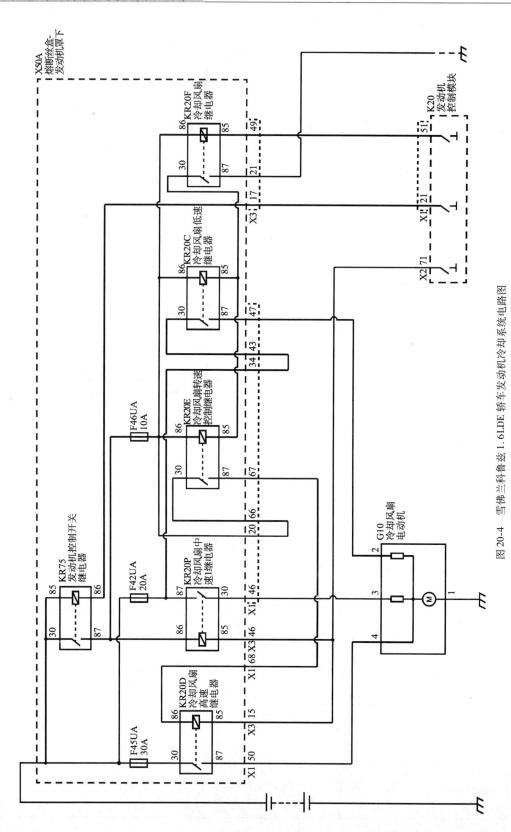

图 20-4 雪佛兰科鲁兹 1.6LDE 轿车发动机冷却系统电路图

(五)确定诊断思路

诊断过程应围绕着故障码提示的故障范围,以先易后难为原则展开。诊断顺序见表20-5。

确定诊断思路　　　　　　　　　　　　　　　表 20-5

空调控制电路检修学生作业单		
确定诊断思路	确定检查顺序	(1)测量压力传感器的5V参考电压、搭铁是否正常 ①若不正常,则检修线路 　a.若线路不正常,则应修复线路 　b.若线路正常,则K20发动机控制模块也是正常的 ②若正常,则应测量是否有压力信号 　a.无压力信号,则故障原因是压力传感器损坏,应进行更换 　b.有压力信号,则压力传感器无故障,问题应是制冷剂不足 (2)用歧管压力表测量空调系统高、低压力

(六)电路检测与故障排除

根据分析结果进行相关检查,具体操作如下:

(1)拔下空调压力传感器插头,打开点火开关至ON挡。

(2)用万用表测量传感器电源线与搭铁线间电压,电压值为5.02V,如图20-5所示。测量结果表明空调压力传感器的5V参考电压线、搭铁线正常、K20发动机控制模块正常。

(3)用万用表测量传感器信号线与电源线间电压,电压值为4.78V,如图20-6所示;传感器信号线与搭铁线间电压值为0.485V,如图20-7所示。测量结果表明空调压力传感器信号线正常、K20发动机控制模块正常。

图 20-5　测量压力传感器电源线与搭铁线间电压

图 20-6　测量压力传感器信号线与电源线间电压

(4)将208接线可靠跨接空调压力传感器信号线,如图20-8所示。

(5)关闭点火开关,将插头与空调压力传感器可靠安装。

(6)打开点火开关,测量208接线,无信号电压输出,如图20-9所示。

图 20-7 测量压力传感器信号线与搭铁线间电压

图 20-8 208 接线跨接传感器信号线

图 20-9 208 接线跨接传感器信号线,无信号电压输出

测量记录见表 20-6。

测量记录　　　　　　　　　　　　　表 20-6

空调控制电路检修学生作业单		
你认为有故障的部位检查及测量记录	可能故障部位	可能故障部位的检查记录
	压力传感器电源线、搭铁线	两线间电压为 5.02V,两线正常
	K20 发动机控制模块	压力传感器电源线、搭铁线正常,故控制模块正常
	压力传感器信号线	与电源线间电压 4.78V,与搭铁线间电压 0.485V,说明信号线正常
	压力传感器元件	电路正常、控制模块正常,但有压力传感器的故障码,可判断压力传感器元件有故障,用换件法进一步确认

(七)故障排除效果验证并清码

根据检查结果按操作要求更换空调压力传感器,排除故障,并进行清码与验证。见表 20-7。

故障点确认与排除　　　　　　　　　表 20-7

空调控制电路检修学生作业单			
故障点确认及排除	故障点确认:空调压力传感器损坏		
	故障点排除方法说明:更换空调压力传感器		
	清除故障码	☑已清除	□未清除
	验证故障是否排除	☑已排除	□未排除

（八）实践操作作业单

请按照操作流程完成空调控制电路检修实践，并填写作业单（表20-8）。

空调控制电路检修学生作业单　　　　　　　　　　　表20-8

步　骤	内　　　容	完成情况	
1.实践操作前安全、设备检查	放置三角木	□完成	□未完成
	安装三件套、翼子板布、前格栅布	□完成	□未完成
	拉紧驻车制动器操纵杆	□完成	□未完成
	置于N位（或P位）	□完成	□未完成
	检查万用表	□正常	□不正常
	检查试灯	□正常	□不正常
	连接诊断仪并开机	□完成	□未完成
2.确认现象	故障现象描述	□完成	□未完成
3.读取故障码或数据流	故障码	□完成	□未完成
	故障码含义	□完成	□未完成
	读取相关数据流	□完成	□未完成
4.根据故障码、数据流、电路图小组讨论	分析可能的故障原因	□完成	□未完成
5.确定诊断思路	确定检查顺序	□完成	□未完成
6.你认为有故障的部位检查及测量记录	可能故障部位	可能故障部位的检查记录	□完成　□未完成
7.故障点确认及排除	故障点确认：	□完成	□未完成
	故障点排除方法说明：	□完成	□未完成
	清除故障码	□已清除	□未清除
	验证故障是否排除	□已排除	□未排除

七　评分标准

实训评分表见表20-9。

实 训 评 分 表　　　　　　　　　　　表20-9

序号	考核项目	配分	评分标准	得分
1	作业车辆安全检查	10	未检查或检查不到位扣5分	
2	检查仪器设备	5	未检查扣5分	
3	安装三件套	5	未安装扣5分,安装不到位扣3分	

续上表

序号	考核项目		配分	评分标准	得分
4	操作过程	电路检测	15	检测方法不对或不全面每次扣2分	
		元件检测	10	检测方法不正确或不全面每次扣2分	
		作业单记录	10	检测结果不正确或记录不正确每次扣2分	
		结论	5	结论不正确扣5分	
		故障排除	10	未将故障排除此项不得分	
		仪器设备使用情况	10	使用不当或错误每次扣2分，扣完为止	
5	团队协作		5	酌情扣分	
6	收拾仪器设备		5	未收拾扣5分	
7	车辆恢复		5	未恢复扣5分	
8	5S管理		5	酌情扣分	
9	遵守相关安全规范			因违规操作造成人员和设备事故的，总分按0分计	
	分数合计		100		

项目六　汽车网络系统

实训 21　汽车网络系统检修

一　实训目标

(1) 了解汽车网络系统的作用以及优点。
(2) 能够看懂数据通信示意图(高速 GMLAN)。
(3) 掌握汽车网络系统的检测诊断方法。

二　实训内容

1. 认识汽车网络系统

为了使线路简化,提高各电控单元之间的通信速度,汽车制造商设计了新的总线系统"汽车网络系统",它把非常多的电控单元连成一个网络,其数据通过数据总线的形式进行传输,这样可以达到信息共享的目的。

一辆汽车的每块电控单元都只需引出两根导线共同接在两个节点上,这两条导线就被称为数据总线,如图 21-1 所示,以前各个电控单元之间好比有许多人骑着自行车来来往往,而现在是这些人乘坐公共汽车,公共汽车可以运输大量乘客,因此数据总线又常被称为 BUS 线。

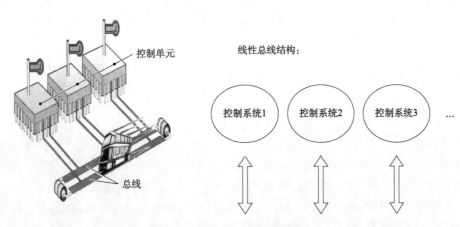

图 21-1　汽车网络系统的数据总线

2. 汽车网络系统的优点

(1) 成本低,布线简单。

(2) 电控单元之间的交流更加简单快捷。

(3) 传感器数目减少,实现信息资源共享。

(4) 数据总线采用双线制,即使一条线发生故障,系统会转为单线运行模式,从而提高了整车的稳定性。

3. 数据通信示意图

数据通信示意图(高速 GMLAN),如图 21-2 所示。

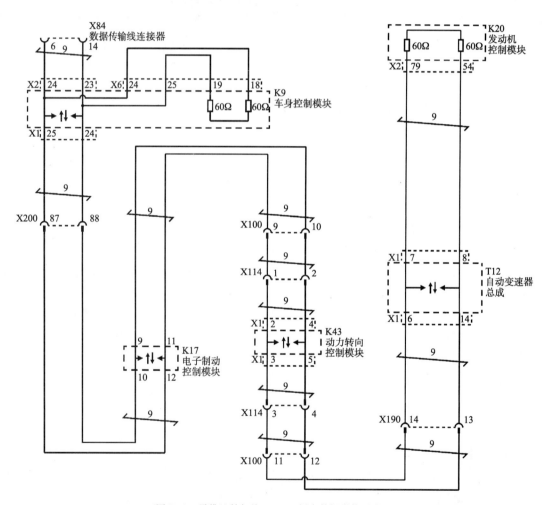

图 21-2 雪佛兰科鲁兹 1.6LDE 轿车数据通信示意图

系统相关控制模块有:车身控制模块、发动机控制模块、电子制动控制模块、自动变速器控制模块等,其中车身控制模块及发动机控制模块中分别设有 120Ω 电阻。科鲁兹轿车车身控制模块安装在副驾驶座左下角,如图 21-3 所示。发动机控制模块安装在发动机舱内,如图 21-4 所示。电子制动控制模块安装在发动机舱内,如图 21-5 所示。自动变速器控制模块安装在自动变速器上,如图 21-6 所示。

图21-3　车身控制模块

图21-4　发动机控制模块

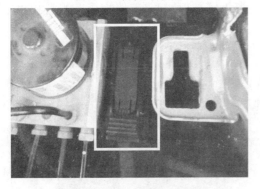

图21-5　电子制动控制模块

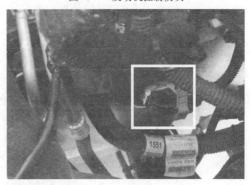

图21-6　自动变速器控制模块

三　实训器材

(1)实训车辆5辆。
(2)万用表、试灯和检测仪各5个。
(3)T型线5根。
(4)常用拆装工具2套。

四　实训要求

(1)在未经允许的情况下,不能随意拆卸CAN系统以免引发故。
(2)必须断开点火开关后才能拆卸蓄电池电源线。
(3)在断开带有锁扣的线束或者部件插接器时,不能直接拉扯导线和插头,要先脱开防止插接器松脱的锁扣才能用力拔下插头。
(4)实训过程要符合车辆维修的操作规程。
(5)正确使用电路检修工量具。

五　教学组织

1. 教学模式和方法

教学模式运用理实一体化教学,在课中采用讨论法、情境教学法等方法进行教学。

2. 教学组织

教学过程以学生为中心，以学生实践作业单引导学生对问题进行分析、检测并解决问题，教师指导学生操作并监控整个教学过程的课堂管理。

3. 教学实施过程

以培养学生职业习惯、职业素养为目标，强调安全生产，提醒学生安全规范操作，检查、指导和纠正学生操作中出现的不规范操作，组织学生分享学习成果，并对学生操作过程进行评价。

六 实训步骤

下面以雪佛兰科鲁兹 1.6L 轿车车载网络系统为例，对其相关电路进行检测判断，并填写作业单，具体操作如下。

（1）在主驾驶座左下角找到汽车诊断座，如图 21-7 所示。

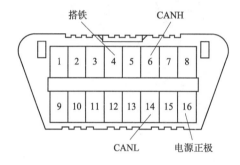 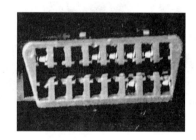

图 21-7 汽车诊断座

（2）将万用表旋转到欧姆挡然后使红表笔和黑表笔接触，注意此时手不能接触万用表红、黑表笔。

（3）打开点火开关置于 ON 挡，将万用表调到直流电压挡，使用两条 T 型线分别拆入汽车诊断座的 4 和 6 号端子，然后红表笔接 6 号端子上的 T 型线，黑表笔接 4 号端子上的 T 型线。此时测得的电压应在 2.7V 左右，如图 21-8 所示。

图 21-8 测量 CANH 与搭铁之间电压值

（4）将接入 6 号端子的 T 型线拔下插入 14 号端子，此时测得的电压应在 2.3V 左右，如图 21-9 所示。

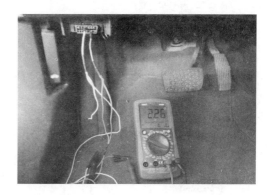

图 21-9　测量 CANL 与搭铁之间电压值

（5）关闭点火开关，将蓄电池负极取下，把万用表置于 200Ω 挡，将接入 4 号端子的 T 型线拔下插入 6 号端子，此时万用表读数应在 60Ω 左右，如图 21-10 所示。

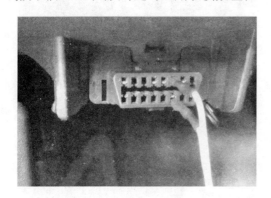
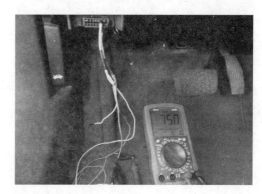

图 21-10　测量 CANH 与 CANL 之间电阻值

（6）（关闭点火开关，拔掉蓄电池负极）将两根 T 型线分别接入 4 号和 6 号端子，把万用表置于 200Ω 挡，此时万用表读数应为无穷大，如图 21-11 所示。

图 21-11　测量 CANH 与搭铁之间电阻

（7）（关闭点火开关，拔掉蓄电池负极）将两根 T 型线分别接入 4 号和 14 号端子，把万用表置于 200Ω 挡，此时万用表读数应为无穷大，如图 21-12 所示。

（8）（关闭点火开关，拔掉蓄电池负极）将两根 T 型线分别接入 6 号和 16 号端子，把万用表置于 200Ω 挡，此时万用表读数应为无穷大，如图 21-13 所示。

图 21-12　测量 CANL 与搭铁之间电阻

图 21-13　测量 CANH 与电源正极之间电阻

(9)（关闭点火开关，拔掉蓄电池负极）将两根 T 型线分别接入 14 号和 16 号端子，把万用表置于 200Ω 挡，此时万用表读数应为无穷大，如图 21-14 所示。

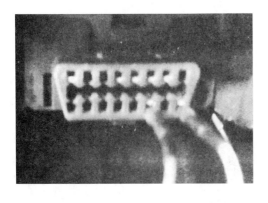 

图 21-14　测量 CANL 与电源正极之间电阻

(10) 使用金德 KT600 解码器，将金德 KT600 解码器插头插入汽车诊断座，接上蓄电池负极，并且把点火开关置于 ON 挡后，按下解码器开机键，进入控制面板，开始操作，如图 21-15 所示。

(11) 读取故障码，应不存在以 U 开头的故障码，如图 21-16 所示。

图 21-15 连接解码器,进入控制面板

图 21-16 读取故障码

(12)实训检测作业单

汽车网络系统检测作业单见表21-1。

汽车网络系统检测作业单　　　　　　　　　　　表21-1

实 训 项 目	检测结果与判断	
	检查或检测结果	结论
检测前准备	检查驻车制动器	□完成　□未完成
	放置垫块	□完成　□未完成
	准备工具	□完成　□未完成
	校正万用表	□完成　□未完成
测量 CANH 与搭铁之间电压值	—	□正常　□异常
测量 CANL 与搭铁之间电压值	—	□正常　□异常
测量 CANH 与 CANL 之间电阻值	—	□正常　□异常
测量 CANH 与搭铁之间电阻值	—	□正常　□异常
测量 CANL 与搭铁之间电阻值	—	□正常　□异常
测量 CANH 与电源正极之间电阻	—	□正常　□异常
测量 CANL 与电源正极之间电阻	—	□正常　□异常
连接解码器,进入控制面板	—	□完成　□未完成
读取故障码	—	□完成　□未完成

七 评分标准

实训评分表见表21-2。

实 训 评 分 表　　　　　　　表 21-2

序号	考核项目		配分	评分标准	得分
1	作业车辆安全检查		15	未检查或检查不到位扣5分	
2	检查工量具、仪器		5	未检查扣5分	
3	安装三件套		5	未安装扣5分,安装不到位扣3分	
4	各项目检查	电路检测	15	检测方法不正确或不全面每次扣2分	
		元件检测	15	检测方法不正确或不全面每次扣2分	
		作业单记录	10	检测结果不正确或记录不正确每次扣2分	
		结论	5	结论不正确扣5分	
		工量具、仪器使用情况	10	使用不当或错误每次扣2分,扣完为止	
5	团队协作		5	酌情扣分	
6	收拾工量具		5	未收拾扣5分	
7	车辆恢复		5	未恢复扣5分	
8	5S管理		5	酌情扣分	
9	遵守相关安全规范			因违规操作造成人员和设备事故的,总分按0分计	
	分数合计		100		

项目七　汽车娱乐通信系统

实训22　音响设备的拆装

一　实训目标

(1) 了解科鲁兹轿车音响设备组件和安装位置。
(2) 掌握科鲁兹轿车音响设备的拆装方法。
(3) 掌握各种拆装工具的使用方法。

二　实训内容

(1) 科鲁兹轿车音响控制面板认识。
(2) 科鲁兹轿车音响拆装方法。

三　实训器材

(1) 实训车辆5辆。
(2) 车辆防护三件套5套。
(3) 常用汽车拆装工具5套。

四　实训要求

(1) 在实践操作前,配齐所需工具,确保车辆放置安全位置,检查驻车制动器、空挡位置是否到位。
(2) 安装车轮挡块到位,三件套和翼子板布、前格栅布的安装方法要正确。
(3) 实训过程要符合车辆维修的操作规程。
(4) 正确使用拆装工具。

五　教学组织

1. 教学模式和方法

教学模式运用翻转课堂+理实一体化教学,在课前准备组合仪表报警系统拆装视频、作业单等,在课中采用任务驱动法、练习法等方法进行教学。

2. 教学组织

实行小班化教学,实训人数不超过 30 人,实行分组教学,教师 1 名。教学过程以学生为中心,以学生实践作业单引导学生完成仪表及报警系统拆装练习。教师示范操作,并指导学生实训过程。

3. 教学实施过程

以培养学生职业习惯.职业素养为目标,强调安全生产,提醒学生安全规范操作,检查、指导和纠正学生操作中出现的不规范操作,组织学生分享学习成果,并对学生操作过程进行评价。

六 实训步骤

(一)认识汽车音响控制面板

雪佛兰科鲁兹 1.6L 轿车音响控制面板如图 22-1 所示,其功能说明见表 22-1。

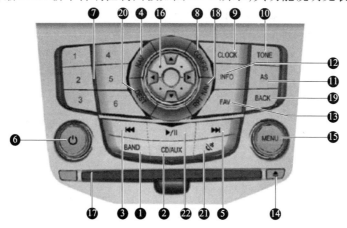

图 22-1 雪佛兰科鲁兹 1.6L 轿车音响控制面板

雪佛兰科鲁兹 1.6L 轿车音响控制面板功能说明 表 22-1

①收音机/波段 起用收音机或者是改变波段	⑦收音机电台按钮 1~6 常按,保存电台;短按;选择电台。
②音源 开始 CD/MP3 回放或改变音源	⑧设置 系统设置
③向后搜索 收音机 向后搜索;CD/MP3 向后跳一曲	⑨时钟 更改时间和日期设置
④导航 按一次,显示地图,按两次导航菜单	⑩音调 音调设置
⑤向前搜索 收音机,向前搜索;CD/MP3,向前跳一曲	⑪自动保存 短按:选择自动存储列表;长按:自动保存电台
⑥音量/开关按钮 按下,打开/关闭娱乐导航系统;旋转,调节音量	⑫信息 视具体情况而定的附加信息

续上表

⑬收藏 选择收藏列表（收音机）	⑱重复播放上次的导航信息
⑭弹出 CD	⑲回退 菜单：回退一级；输入：短按删除最后一个字符
⑮菜单旋钮/按钮/在菜单中进行选择和导航的中央控制装置	⑳目的地 导航目的地输入项
⑯八向开关 移动导航地图视图中的显示窗口	㉑电话/静音 打开电话菜单，启用静音功能
⑰CD 装载槽	㉒CD/MP3 暂停/回放

（二）汽车音响设备的拆装

（1）拆装工具：十字螺丝刀、7号套筒、塑料胶刀、电工绝缘胶布、捆扎线、保护垫布。

（2）注意事项：安装过程中需用防护布及鞋套，以保证原车的清洁及外观，安装完成后需做好清理工作。

（3）拆装步骤，见表22-2。

音响拆装步骤　　　　　　　　　　　　　　　　表 22-2

（1）取下空调出风口装饰块，如图22-2所示	 图 22-2　取下出风口装饰板
（2）取下两颗紧固螺钉，如图22-3所示	 图 22-3　取下紧固螺钉

续上表

(3)取下音响面板,如图22-4所示	 图 22-4　取下面板
(4)取下固定显示屏的两颗螺钉,如图22-5所示	 图 22-5　取出螺钉
(5)取下显示屏插头,如图22-6所示	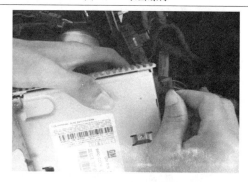 图 22-6　取下插接器
(6)取下固定音响的四颗螺钉,如图22-7所示	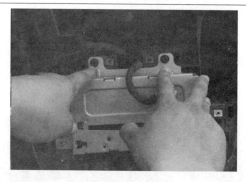 图 22-7　取下螺钉

续上表

(7)取出音响,如图22-8所示	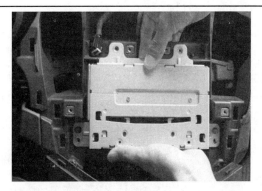 图22-8　取出音响
(8)取下音响总线和收音天线插头,如图22-9所示	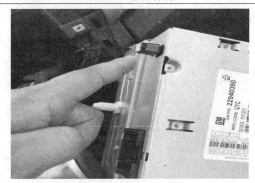 图22-9　取下插接器

(9)安装步骤按照第8步往上。

拆装注意事项:在拆卸和安装音响时,必须使用专用工具,以防将汽车仪表台装饰面板划伤。紧固螺钉的时候用7N·m的力矩,不要用力过大。

(三)实践操作作业单

音响设备的拆装练习作业单见表22-3。

音响设备的拆装练习作业单　　　　　　　　表22-3

步　　骤	内　　容	完成情况	
1.实践操作前安全.设备检查	放置三角木	□完成	□未完成
	安装三件套、翼子板布、前格栅布	□完成	□未完成
	拉紧驻车制动器操纵杆	□完成	□未完成
	置于N位(或P位)	□完成	□未完成
2.需要使用的工具	各种工具及型号	□完成	□未完成
3.拆装步骤	拆装步骤解析	□完成	□未完成
4.拆装注意事项	工具使用注意事项	□完成	□未完成
	拆装规范注意事项	□完成	□未完成

七 评分标准

实训评分表见表 22-4。

实训评分表　　　　　　　　　　表 22-4

序号	考核项目		配分	评分标准	得分
1	作业车辆安全检查		15	未检查或检查不到位扣 5 分	
2	检查工量具、仪器		5	未检查扣 5 分	
3	安装三件套		5	未安装扣 5 分，安装不到位扣 3 分	
4	各项目检查	选取工具是否得当	15	检测方法不正确或不全面每次扣 2 分	
		操作是否符合规范	15	检测方法不正确或不全面每次扣 2 分	
		作业单记录	10	检测结果不正确或记录不正确每次扣 2 分	
		结论	5	结论不正确扣 5 分	
		工量具、仪器使用情况	10	使用不当或错误每次扣 2 分，扣完为止	
5	团队协作		5	酌情扣分	
6	收拾工量具		5	未收拾扣 5 分	
7	车辆恢复		5	未恢复扣 5 分	
8	5S 管理		5	酌情扣分	
9	遵守相关安全规范			因违规操作造成人员和设备事故的，总分按 0 分计	
	分数合计		100		

实训 23　音响系统电路检修

一 实训目标

（1）了解科鲁兹轿车娱乐系统。
（2）能根据故障现象分析故障原因。
（3）能熟练使用常用工具对电路进行检测。
（4）对科鲁兹轿车娱乐系统简单故障进行诊断与排除。

二 实训内容

（1）科鲁兹轿车音响系统电源电路检测。
（2）科鲁兹轿车扬声器电路检测。

三 实训器材

（1）实训车辆 5 辆。
（2）车辆防护三件套 5 套。

(3)常用汽车拆装工具5套。

(4)KT600检测仪、万用表、试灯各5套。

四 实训要求

(1)在实践操作前,配齐所需工具,确保车辆放置安全位置,检查驻车制动器、空挡位置是否到位。

(2)安装车轮挡块到位,三件套和翼子板布、前格栅布的安装方法要正确。

(3)实训过程要符合车辆维修的操作规程。

(4)正确使用电路检修工量具。

五 教学组织

1. 教学模式和方法

教学模式运用翻转课堂+理实一体化教学,在课前准备课程教学视频、作业单等,在课中采用任务驱动法、讨论法、情境教学法等方法进行教学。

2. 教学组织

实行小班化教学,实训人数不超过30人,实行分组教学,教师1名。教学过程以学生为中心,以学生实践作业单引导学生对问题进行分析、检测并解决问题,即完成故障诊断与排除。教师指导学生操作并监控整个教学过程的课堂管理。

3. 教学实施过程

以培养学生职业习惯、职业素养为目标,强调安全生产,提醒学生安全规范操作,检查、指导和纠正学生操作中出现的不规范操作,组织学生分享学习成果,并对学生操作过程进行评价。

六 实训步骤

(一)认识汽车娱乐系统

车载信息娱乐系统,是采用车载专用中央处理器,基于车身总线系统和互联网服务,形成的车载综合信息处理系统。能够实现包括三维导航、实时路况、辅助驾驶、故障检测、车辆信息、车身控制、移动办公、无线通信、基于在线的娱乐功能及TSP服务等一系列应用,如图23-1所示,极大地提升车辆电子化、网络化和智能化水平。雪佛兰科鲁兹1.6L轿车娱乐系统主要有音响系统。

(二)车载娱乐系统的简单故障诊断与排除

汽车娱乐系统的类型多种多样,其智能化程度越高,电路越复杂,本章节,针对雪佛兰科鲁兹1.6L轿车车载娱乐系统即音响系统的简单故障进行诊断与排除。

1. 音响电源电路故障检修

案例:操控某车音响面板各功能按钮,音响都无法正常工作。

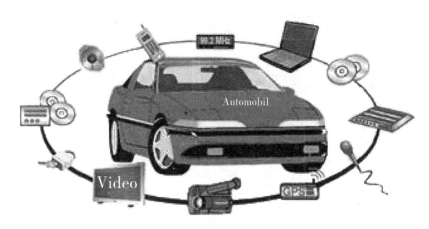

图 23-1 车载娱乐系统

1) 故障分析

在汽车企业维修,音响系统往往检修其电路部分,对于音响本身故障一般外修或更换。常见的故障为电源电路故障。

2) 检查步骤

打开驾驶室熔断丝盒盖。在熔断丝盒盖上找到相应的熔断丝,如图 23-2 所示。

(1) 取出熔断丝,用万用表进行测量。

(2) 如果熔断丝电阻小于 1Ω,则该熔断丝正常。如果熔断丝电阻值为无穷大,则熔断丝烧坏。需要更换,如图 23-3 所示。

(3) 如果熔断丝没有问题,则拔下音响主机插接器,测量线束端电源线是否到电,如果电到,检测主机搭铁是否正常,正常则更换主机,否则维修搭铁电路。如果电源线电未到,则检查从熔断丝到主机间电源电路断路点,或者直接更换线束。

(4) 如果电源、搭铁正常,则用 KT600 检测仪读取故障码或相关的数据流。数据流无显示,则更换音响主机。

图 23-2 收音机熔断丝

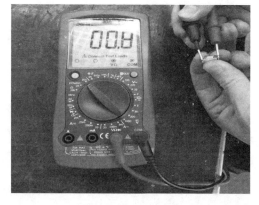

图 23-3 收音机熔断丝的测量

2. 扬声器电路故障检测与维修

1) 扬声器电路分析

扬声器控制电路图如图 23-4 所示。其电路主要由扬声器、音响控制模块及连接导线等组成。

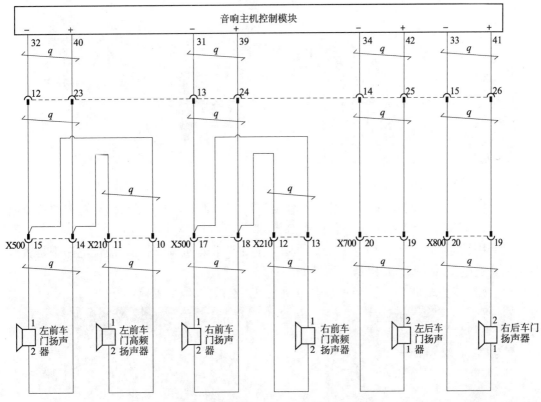

图 23-4　雪佛兰科鲁兹 1.6L 轿车扬声器电路图

收音机的各个音频输出声道电路(+)和(-)都有一个直流偏压,该电压约是蓄电池电压的一半。在使用数字式万用表时,每个音频输出声道电路将测量大约 6.5V 的直流电压。在系统上播放的音频由一个变化的交流电压产生,该交流电压以同一电路上的直流偏压为中心。交流电压使扬声器锥体移动并产生声音。交流电压信号的频率(赫兹)与至音响系统的输入(音源播放)频率直接相关。音响系统要正常产生声音,需要直流偏压和交流电压信号。

2)电路检测

音响扬声器出现故障,故障原因主要一般为扬声器元件和扬声器电路故障。检测步骤如下:

(1)将点火开关置于 ON(打开)位置,收音机打开,关闭静音。

(2)确认能从各扬声器听到清晰的音频,调整衰减和平衡控制装置,分别测试各个扬声器。

(3)若 1 个或多个扬声器的音响不工作或发出的音频不清晰,则进行相应电路检测。

(4)将扬声器取下。用万用表测量扬声器内阻,如果扬声器内阻为 4Ω 左右,则扬声器无故障。如内阻较大,则扬声器内部故障,应该更换扬声器,如图 23-5 所示。

(5)如果扬声器无故障,则测量扬声器电路。观察扬声器接插器,有 1 号线和 2 号线,如图 23-6 所示。

图 23-5 扬声器内阻测量

图 23-6 扬声器插接器

（6）用万用表测量扬声器接插器的 1 号端子和 2 号端子有电压为 6.5V 左右的直流电压，则 1 号端子电路和 2 号端子电路正常，如图 23-7 所示。

（7）用连接导线将万用表（电压表）串入电路，调节收音机调节旋钮，测量电路中是否有变动的交流电压，如图 23-8 所示。

（8）如果测量结果不符合，则判断收音机主机存在故障，需要更换。

图 23-7 1、2 号端子直流电压测量

图 23-8 交流电压信号测量

3. 实践操作作业单

音响系统电路检修学生作业单见表 23-1。

音响系统电路检修学生作业单　　　　　表 23-1

步　骤	内　容	完成情况	
1.实践操作前安全、设备检查	放置三角木	□完成	□未完成
	安装三件套、翼子板布、前格栅布	□完成	□未完成
	拉紧驻车制动器操纵杆	□完成	□未完成
	置于 N 挡（或 P 挡）	□完成	□未完成
2.确认现象	故障现象描述	□完成	□未完成
3.读取故障码或数据流	故障码	□完成	□未完成
	故障码含义	□完成	□未完成
	读取相关数据流	□完成	□未完成

续上表

步骤	内容	完成情况	
4.根据故障码、数据流、电路图小组讨论	分析可能的故障原因	□完成	□未完成
5.确定诊断思路	确定检查顺序	□完成	□未完成
6.你认为有故障的部位检查及测量记录	可能故障部位 / 可能故障部位的检查记录	□完成	□未完成
7.故障点确认及排除	故障点确认：	□完成	□未完成
	故障点排除方法说明：	□完成	□未完成
	清除故障码	□已清除	□未清除
	验证故障是否排除	□已排除	□未排除

4. 评分标准

实训评分表见表23-2。

实训评分表　　　　　　　　　　　　　表23-2

序号	考核项目		配分	评分标准	得分
1	作业车辆安全检查		15	未检查或检查不到位扣5分	
2	检查工量具、仪器		5	未检查扣5分	
3	安装三件套		5	未安装扣5分，安装不到位扣3分	
4	各项目检查	电路检测	15	检测方法不正确或不全面每次扣2分	
		元件检测	15	检测方法不正确或不全面每次扣2分	
		作业单记录	10	检测结果不正确或记录不正确每次扣2分	
		结论	5	结论不正确扣5分	
		工量具、仪器使用情况	10	使用不当或错误每次扣2分,扣完为止	
5	团队协作		5	酌情扣分	
6	收拾工量具		5	未收拾扣5分	
7	车辆恢复		5	未恢复扣5分	
8	5S管理		5	酌情扣分	
9	遵守相关安全规范			因违规操作造成人员和设备事故的,总分按0分计	
	分数合计		100		

参 考 文 献

[1] 周建平.汽车电气设备构造与维修[M].北京:人民交通出版社,2016.
[2] 黄晓敏,徐召.汽车电气设备维修实训[M].北京:人民交通出版社,2003.
[3] 文艳宇,冯明源.汽车电子与车身电气系统检修[M].北京:电子工业版社,2014.
[4] 赵仁杰.汽车电器设备[M].北京:人民交通出版社,1998.
[5] 郭远辉.汽车车身电气及附属电气设备见习[M].北京:人民交通出版社,2005.
[6] 蔡北勤.汽车车身电器维修工作页[M].北京:人民交通出版社,2013.